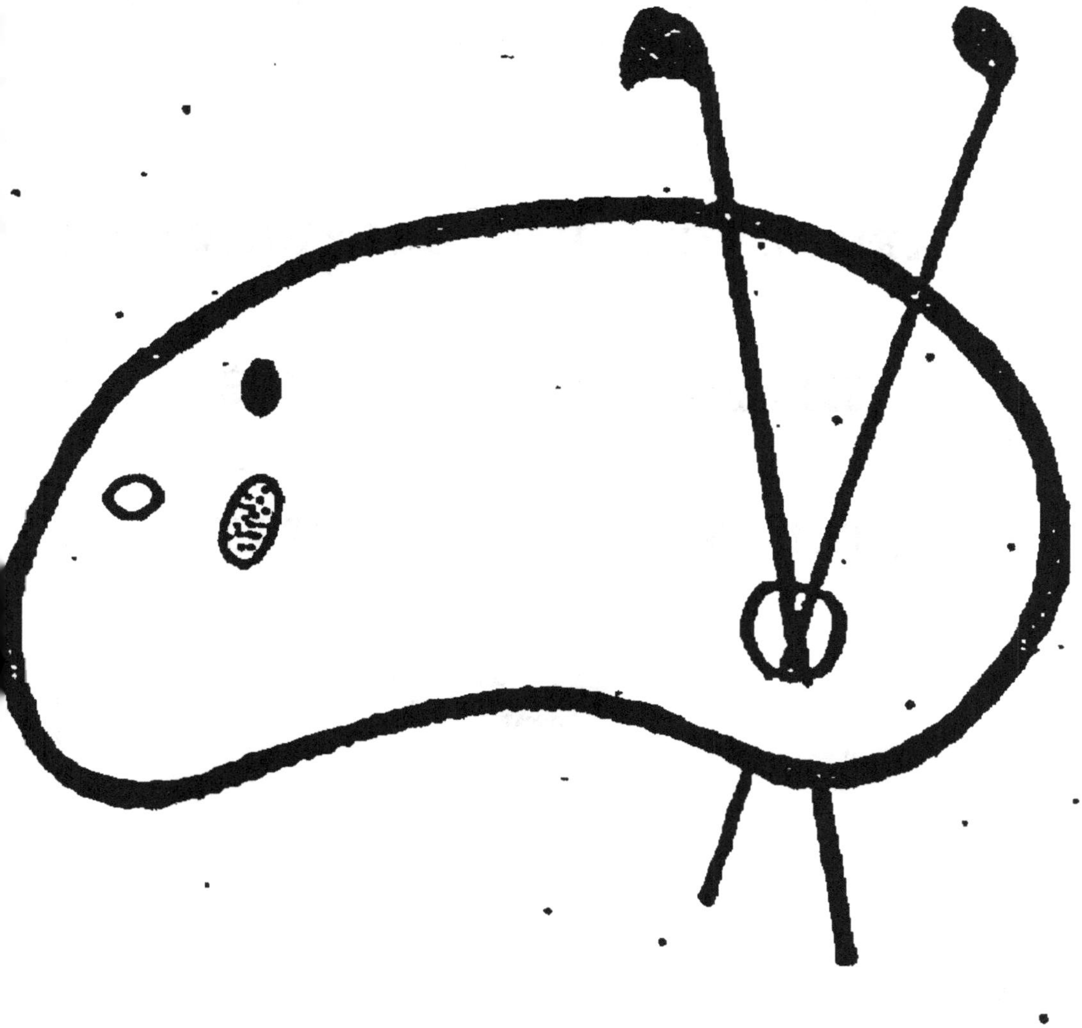

LE PAPYRUS

DE

NEBSENI

EXEMPLAIRE HIEROGLYPHIQUE

DU

LIVRE DES MORTS

CONSERVÉ AU

BRITISH MUSEUM

TRADUIT

PAR A. MASSY

AVOCAT

GAND
IMPRIMERIE ET LIBRAIRIE FR. WAEM-LIENDERS
RUE DIGUE DE BRABANT, 18

1885

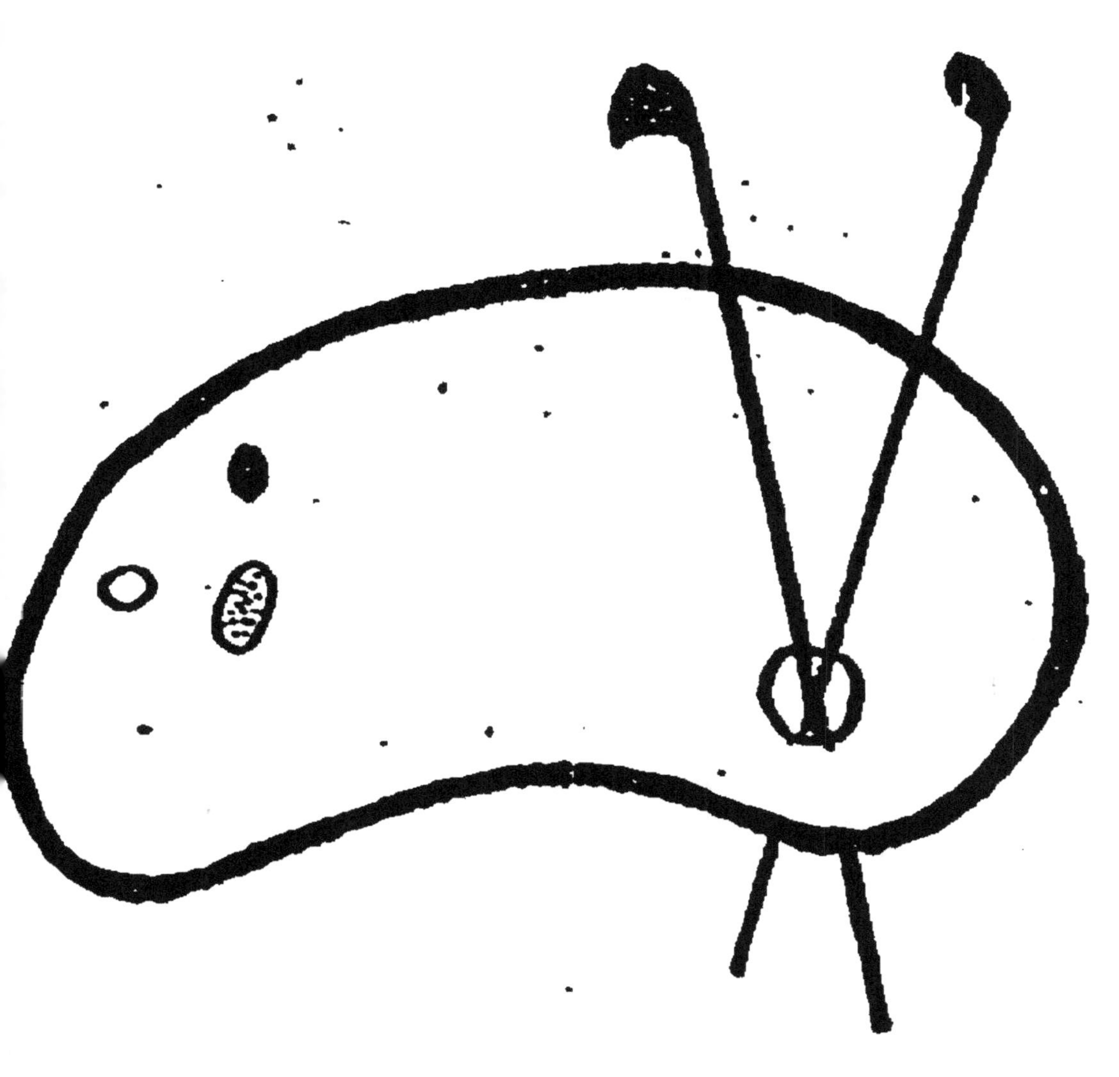

FIN D'UNE SERIE DE DOCUMENTS
EN COULEUR

LE PAPYRUS DE NEBSENI.

CAHIER (S) OU FEUILLET(S) INTERVERTI(S) À LA COUTURE
RÉTABLI(S) À LA PRISE DE VUE

LE PAPYRUS

DE

NEBSENI

EXEMPLAIRE HIEROGLYPHIQUE

DU

LIVRE DES MORTS

CONSERVÉ AU

BRITISH MUSEUM

TRADUIT

PAR A. MASSY

AVOCAT

GAND

IMPRIMERIE ET LIBRAIRIE FR. WAEM-LIENDERS

RUE DIGUE DE BRABANT, 18

1885

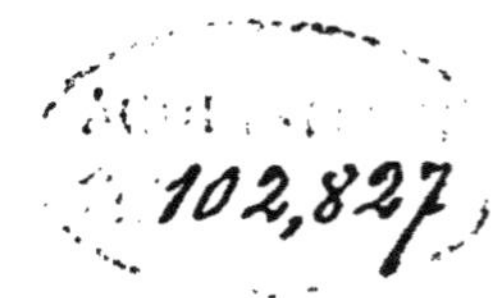

A MONSIEUR

AUGUSTE WAGENER

MEMBRE DE LA CHAMBRE DES REPRÉSENTANTS

ADMINISTRATEUR-INSPECTEUR DE L'UNIVERSITÉ DE GAND

Dont les leçons m'ont inspiré l'amour des études archéologiques

JE DÉDIE CE LIVRE

PRÉFACE.

—

Ne m'adressant qu'à des égyptologues, je crois inutile d'expliquer ce qu'était l'ouvrage connu sous le nom de Livre des Morts Je me bornerai donc à rappeler que parmi les nombreux exemplaires de ce recueil de prières que l'on a découverts jusqu'ici, plusieurs ont été jugés dignes d'une publication spéciale. Je donne ici la traduction de celui qui a été publié par l'administration du British Museum en 1876 sous le titre de PAPYRUS OF NEBSENI *et qui n'a pas encore été traduit jusqu'ici, à ma connaissance au moins. Ce papyrus provient de Memphis et remonte à la dix-huitième dynastie. Il a été rédigé en l'honneur d'un scribe nommé Nebseni dont les titres sont : « Scribe rédacteur de la demeure de Ptah, des temples du Nord et du Sud, de la demeure de l'or, du temple d'Ammon, enfant du sanctuaire, fils du scribe Qetu-tena et de la dame Mautres-ta. »*

Le titre que je traduis par « rédacteur » m'est

inconnu; je pense qu'il faut le lire serr *et je le rattache au mot* serr *signifiant rédiger, écrire, inscrire, tracer, déterminer.*

Dans les pages qui suivent je n'entends nullement donner une traduction définitive du texte. Deux raisons s'y opposent : d'abord l'état d'incorrection du manuscrit, ensuite l'obscurité même du papyrus, où abondent les allusions à des faits mythologiques inconnus. Y aura-t-il jamais moyen de surmonter ces deux obstacles, c'est ce que je n'ose décider.

Dans ma tâche j'ai eu continuellement recours à l'excellente traduction que Mr Paul Pierret a donnée du Livre des Morts, tant pour compléter les passages présentant des lacunes que pour m'aider dans la traduction de ceux qui se rencontrent dans les deux papyrus.

Gand, le 21 Février 1885.

LE PAPYRUS DE NEBSENI.

Le Papyrus commence par une vignette représentant Osiris, assis sur un naos et ayant devant lui une table chargée d'offrandes. Le texte qui surmonte ce tableau est détruit : on ne peut lire que la légende d'Osiris; le seigneur d'Abydos, le dieu grand, roi de l'éternité, seigneur d'Augert, souverain du temps infini.

CHAPITRE 1er (1er du todtenbuch).

..... *Le scribe Nebseni, véridique, fils de Qedutena, véridique, enfant de la dame Maut-res-ta, véridique.*

O Osiris, taureau de l'Amenti, dit Thot, ô roi de l'éternité qui est là ! Je suis (le dieu grand dans la barque divine; j'ai combattu pour toi ;) je suis l'un de ces divins chefs qui font être vérité la parole d'Osiris (contre tes ennemis) le jour d'apprécier les paroles. (Tes compagnons sont les miens, Osiris). Je suis l'un de ces dieux nés de Nout qui massacrent les ennemis de l'immobile de cœur, qui emprisonnent pour lui ses adversaires. (Tes compagnons sont les miens, Horus !) J'ai combattu pour toi, je me suis rangé (auprès de ta personne. Je suis Thot qui fait être vérité la parole d'Horus contre ses ennemis) le jour de l'appréciation des paroles (dans la demeure du chef qui est dans An (Héliopolis.) Je suis le stable, fils du stable, conçu et enfanté dans la ville de la stabilité. (Je suis avec les deux pleureuses d'Osiris,) gémissant (sur Osiris dans la région des deux conveuses et faisant être vérité la parole d'Osiris contre ses ennemis : car il a été ordonné par Ra) à Thot de (faire être vérité la parole d'Osiris contre ses ennemis et l'ordre est exécuté par Thot) lacune (ô donneurs de pains et de boissons aux âmes bienfaisantes dans la demeure d'Osiris) donnez moi pains et boissons.... ô vous qui ouvrez les chemins, ô vous qui frayez les voies aux âmes excellentes de la demeure d'Osiris, ouvrez les chemins, frayez les voies à mon âme ainsi qu'à vous que j'entre . . . . entrer; qu'il sorte de la demeure d'Osiris. (Qu'il ne soit pas écarté, qu'il ne soit pas repoussé) qu'il entre à son plaisir, qu'il sorte à son gré. Sa parole étant faite vérité, sont exécutés ses ordres dans la demeure d'Osiris. (Il marche, il parle avec vous. Il marche, l'Osiris vers l'ouest heureusement), auprès du dieu grand. Il n'est pas trouvé (depéché de lui dans la balance)....

CHAPITRE 2 (146).

Ce chapitre se compose d'une série de vignettes représentant plusieurs portes que le scribe Nebseni doit franchir. Dans ces portes ou à côté d'elles est figuré le dieu chargé de les garder, avec son nom.

Le titre est : aller vers....

Première porte. — (Dame de la terreur, hauteur) de murailles; dominatrice et dame de massacre, préparant les paroles qui repoussent les rebelles et suivant de la destruction celui qui la pénètre.

Tableau : le scribe Nebseni se présente devant une porte gardée par un dieu à tête de bélier, dont le nom, presque illisible, est : « Arait pense Xerher asûâru arari?? » Station de renverser les faces nombreuses faites??? Une deuxième porte est représentée derrière la première.

Deuxième porte. — Dame du ciel, régente de la terre, flamme maitresse de la terre des humains, ... créatrice de tous les hommes est son nom.

Tableau : le scribe Nebseni se présente devant une porte gardée par un dieu à tête de bélier, appelé : Dunhâtt sqednu hir. Une seconde porte est gardée par un dieu à tête de lion.

Troisième porte. — Dame des autels, maitresse des offrandes par lesquelles sont charmés tous les dieux, le jour de naviguer vers Abydos. Le nom du gardien de la porte est Sebeq (celui qui fait l'onction).

Tableau : Une porte derrière laquelle est dessiné un dieu à tête de bélier appelé : Horsebnes, chargé d'annoncer? Derrière ce dieu on en voit un autre, armé de deux glaives et à tête de lapin, avec la légende : Npehifqqhuatasànx est le nom de celui qui la garde.

QUATRIÈME PORTE. — La régente des deux terres dans leur entier; celle qui repousse les ennemis du dieu au cœur immobile; faisant échapper l'humble à la souffrance. Le nom de son gardien est : « celui qui frappe les bestiaux, » (il est presque illisible).

La première porte est gardée par Ura qui annonce en elle et Asuxemres qui la garde, le 1er à tête de bélier, le 2d à tête de vâche; la 2de par un dieu à tête de vâche.

CINQUIÈME PORTE. — Flamme, maîtresse des enchantements. Les deux terres se réjouissent entrant vers elle. Sa tête existe. Le nom de son gardien est « celui qui met en fuite l'ennemi. »

Tableau : La première porte est gardée par Aahirxesefadu et Anxmefnutseb. Dans la deuxième porte est figuré un dieu à tête de crocodile.

SIXIÈME PORTE. — Dame du crocodile, maîtresse des rugissements dont on ne connait ni la longueur, ni la largeur, dont on n'a pas trouvé le passage lors de la course du reptile contre elle on connait ceux qui ont créé ce qui existe devant le dieu au cœur immobile? Le nom de son gardien est « Assembleur. »

Tableau : La première porte est gardée par Bedhir Khas et Akentasrehanhir; la seconde par l'Assembleur, dieu à tête d'aspic.

SEPTIÈME PORTE. — Habit Amgegi enveloppant le défaillant; celle qui pleure celui qu'elle aime et cache le flanc. Le nom du gardien de sa porte est Akenti.

Tableau : La première porte est gardée par Mashir et Madessenâaxru, la seconde par Akenti, dieu à tête humaine assis dans la porte.

HUITIÈME PORTE. Flamme brûlante, feu brûlant, muni de chaleur, feu courant pour détruire celui qui ne lui rend pas hommage, et auquel on n'échappe pas; redoutable et rugissant. Le nom du gardien de sa porte est « celui qui protège son corps. »

Tableau : Le scribe Nebseni se présente devant la première porte qui est gardée par un seul dieu à têts de chacal. Derrière la porte est écrit ce qui suit : qu'on donne des vivres à l'âme dans le Xerneter, qu'elle ait sa voix de dessus la terre; qu'il lui soit accordé de vivre à jamais et d'être en possession de toutes choses qui y sont, (dans le Xerneter).

La seconde porte est gardée par un dieu à tête humaine, assis à côté d'elle.

CHAPITRE 8 (148).

Il se compose de huit vignettes représentant chacune un taureau différent devant une table chargée d'offrandes, avec une inscription au-dessus Devant eux se trouve le scribe Nebseni qui leur adresse la prière suivante :

Salut à toi, rayonnant dans son âme, vivant, sorti de la montagne lumineuse. L'Osiris, scribe Nebseni, véridique, te connait, et le nom des sept vâches qui sont avec le taureau gardien. Donnez les pains et les vivres aux Xous des âmes, ô vous alimentant les dieux de l'ouest (?) Accordez que mon Xou vous suive, que je me transforme selon vos transformations.

1re Vignette. Qahatnébtèr, donnez les vivres à l'Osiris, le scribe Nebseni, véridique.

2me Vignette. Xentisetn, donnez le repos d'Ameuti à l'Osiris, enfant du sanctuaire Nebseni, fils du scribe Tena, véridique.

3me Vignette. Xebhâ, belle rame du ciel du nord donnez les aliments au scribe Nebseni, véridique.

4me Vignette. Dieu Hât, qui circule autour des deux terres; rame du ciel de l'ouest.....

5me Vignette. Urmerus desrtqem, qui brille au milieu de Ha-t-axu. Rame du ciel de l'orient.

6me Vignette. Xnememânx anessit qui réside dessus la rame du ciel du sud.

7me Vignette. Hâtresemtas, donnez moi les aliments, les vivres pour le Xou instruit dans le Neterxer.

8me Vignette. Le taureau mâle Hemt!

CHAPITRE 4 (83).

Titre : *Chapitre de faire la transformation en phénix.*

Tableau : Image du bennou ou phénix.

Je m'envole parmi ceux de l'essence divine, je deviens comme Xepra, je germe en végétal.... Je suis mystérieux comme un mystère contre ces quatre uraeus formés dans l'Ament. Le grand de l'illumination par son corps est sur Set. L'Osiris, scribe Nebseni, véridique, très-dévôt. Il dit : Je suis Thot dans les deux terres, comme guide de celui qui est dans Sexem, et des esprits de An; ceux qui y sont. Je vais au jour, je me lève à la suite des dieux, je suis Xoura qui fond sur tout.

CHAPITRE 5 (84).

Titre : *Chapitre de faire la transformation en oiseau Shenti par le scribe Nebseni.*

Tableau : Image de l'échassier appelé Shenti.

..... Sa voix . . . . la terre et réciproquement. Il fait mes . . . . Je rends haut le ciel . . . .

CHAPITRE 6 (85).

Titre : *Chapitre de faire la transformation en âme, de ne pas entrer au lieu du supplice. Faire cela pour (la protection?) du scribe . . . . de la demeure de Ptah, Nebseni, le très-dévôt.*

Tableau : L'épervier à tête humaine qui personnifie l'âme.

Il dit (Nebseni) : Je suis Ra sortant de l'abîme céleste, c'est à dire l'âme divine. Je suis un producteur d'aliments à qui le mal est odieux; je ne le regarde pas. (Je suis le maître de la vérité j'en vis.) Je suis le dieu des aliments à qui rien ne fait tort, en mon nom d'âme. Je me donne la forme à moi-même avec le Noun, (chef des portes) en mon nom de transformateur par lequel je me forme chaque jour. Lumière qui déteste le tombeau, (je ne pénètre pas?) dans l'endroit mystérieux du Tiaut? Moi, j'ai donné des choses de valeur à Osiris; je me suis concilié le cœur de ceux qui sont dans les choses qui m'aiment et propagent ma crainte parmi ceux qui sont dans mon.....? J'adore sur mon pavois sur ma demeure; je suis le dieu Nou, les auteurs du mal ne me détruisent pas; je suis le chef des êtres divins, l'âme des dieux, l'âme de l'éternité. Je suis l'auteur des ténèbres, faisant leurs routes. Je m'en vais sur mes jambes, je devance mon âme, je traverse l'enceinte de fer faite par celui qui frappe ses ténèbres; le ver caché, j'éloigne sa route du maître des deux bras; mon âme est mon corps; purs sont les uraeus et les images pour jamais. Seigneur des années, chef de l'éternité, je suis haut, seigneur de la terre, jeune homme dans ma localité, enfant dans mon champ, dans mon nom de destructeur (mon nom). Je suis l'âme créatrice de l'abîme céleste, auteur de sa demeure dans la divine région inférieure. On voit mon nid, on ne perce pas mon œuf. Je suis le seigneur élevé, qui ai fait mon nid aux confins du ciel, je me dirige vers la terre de Seb; je chasse le mal qui est en moi, je vois mon père, Seigneur. Ils se réjouissent. . . . .

CHAPITRE 7 (77).

Titre : *Chapitre de faire la transformation en épervier d'or.*

Tableau : l'Épervier d'Horus.

(Je me lève en grand épervier sortant de son œuf; je menvole en épervier dont le dos a quatre coudées, dont les ailes sont en Spath du Midi.) Je sors de la cabine de la barque Sekti. J'apporte mon cœur dans la montagne de l'est, je repose dans la barque Madt, j'arrive, j'amène ceux qui sont dans leurs essences, qui se courbent et flairent la terre devant moi. Je me réunis au bel épervier d'or a tête de Bennou, au temps où entre Ra chaque jour (pour écouter leurs paroles). Je m'assieds parmi les grands dieux du ciel; un champ s'étend pour moi, les objets d'entretien sont devant moi; (j'en mange, j'en suis favorisé), j'ai l'abondance par eux. Je prends mon cœur; on me donne du grain pour mon gosier. Je prévaux (en homme qui garde sa tête?)

CHAPITRE 8 (86).

Titre: Faire la transformation en hirondelle par le scribe Nebseni, véridique.

Tableau : Une hirondelle.

Je suis l'hirondelle, je suis l'hirondelle, je suis le scorpion, fils du soleil. O dieux, doux de parfum! la flamme (sort) de l'horizon double. O celui qui est dans la région. Que me conduise le gardien du circuit; tends-moi ta main, surveillant du double bassin de feu. Je marche en envoyé; j'arrive portant l'ordre qu'on m'ouvre. Que dois-je dire de ce que j'ai vu? Horus commande la barque; on lui a confié le siège de son père. Set le pef? fils de Nout, l'Uraeus avec ses étoffes rouges?? ce qu'il a fait.

J'examine celui qui est dans Xem. Je tends mon bras à Osiris. Je vais pour examiner. Je sors distingué dans le Tiaut du seigneur au-dessus de tout. Je me purifie du grand crime. Je ne fais pas de mal. J'ai immolé le gardien de mes chairs sur terre. Gardiens des portes faites moi... Je suis comme vous, je sors au jour, je m'envais sur ma jambe, je suis en possession des marches des .... (le dernier mot est effacé). Je connais les chemins mystérieux conduisant aux portes du champ Aanru.

J'y suis, je m'y place, je renverse mes ennemis sur terre. Mon cadavre est enseveli......

CHAPITRE 9 (81).

Titre : Faire la transformation en lotus par le scribe Nebseni etc. qui est dans les louanges de son dieu, (fils) du scribe Qetutentuu, véridique, (aimé d'Osiris, roi de l'éternité?) enfant de la dame Maut-tesar-ta, véridique.

Tableau : Une fleur de lotus.

Le scribe Nebseni dit : je suis un lotus pur, sortant d'entre les lumineux; le gardien des narines de Râ. Je descends . . . . . . d'Horus, dieu grand, que j'aime. Je suis un lotus pur (issu du champ du soleil?)

CHAPITRE 10 (72).

Titre: Chapitre de sortir comme le soleil, de traverser Ammah par le scribe Nebseni, véridique.

Tableau : Le scribe Nebseni, porteur d'un baton.

Salut à vous, seigneurs de vérité, exempts de mal, existant pour l'éternité, faisant route à jamais. Je vais près de vous, je brille dans mes formes, je suis en possession de mes charmes; j'ouvre mes yeux sacrés! sauvez moi du crocodile de cette terre de vérité; donnez-moi ma bouche pour parler, donnez-moi des présents devant vous, car je vous connais, je connais vos noms, je connais le nom de ce dieu grand, donnez-moi les aliments à (sa) ma narine. Le dieu Tekem pénètre à l'horizon oriental du ciel, il pénètre à l'horizon occidental du ciel. Il se sépare de moi; je suis sauf. Je ne suis pas allé détruire le berceau ! les impies ne s'emparent pas de moi, je ne suis pas repoussé de vos portes, les portes ne me sont pas fermées. Que j'aie des pains à Pa, des breuvages à Tep. (Si) mes bras (sont liés dans la divine demeure, que mon père Toum me donne) l'affermissement de ma demeure, (au-dessus de la terre où il y a du blé des deux espèces, sans nombre calculable. J'y célèbrerai la fête du passage de mon âme dans mon corps, j'y célèbrerai la fête donnée à Toum par mon âme et par mon corps). Purifiez-moi; accordez-moi l'alimentation funéraire, les breuvages, les bœufs, les oies, les étoffes, l'encens, l'huile et toutes les choses bonnes et pures dont vivent les dieux. Que je sois affermi éternellement dans les transformations qui me plairont. Que je descende et remonte le courant dans les champs Aaru, que je navigue dans le champ Hotep, que je m'associe aux dieux de vérité. Je suis le double lion. Celui qui connait ce chapitre sur terre et le fait écrire sur son sarcophage, sort comme le soleil dans tous les formes qui lui plaisent et pénètre dans sa demeure. Il n'est pas repoussé, on lui accorde du pain, de la bière, abondance de viande sur l'autel d'Osiris. Il sort dans le champ de Aaru. On lui donne du grain et de la doura; il est florissant comme il était sur terre et fait tout ce qu'il lui plait, ainsi que les dieux qui y sent, en vérité et des millons de fois.

CHAPITRE 11 (99).

Titre : *Chapitre d'amener la barque dans la divine région inférieure pour le scribe Nebseni, véridique et très-fidèle.*

Tableau : Le scribe Nebseni et sa sœur la dame Senebt, la très-fidèle dans une barque.

Il dit : O ameneurs de la barque Maxent sur le bord . . . . , amenez-moi la barque Maxent, préparez pour moi ma place en paix, en paix. Allons, allons! Partons, partons! Je vais pour voir Osiris. O seigneur des bandelettes, maître de la joie. O seigneur du nuage, circulant sur ce grand rivage? d'Apap. O celui qui dispose les têtes, affermit les cous à l'issue de la mutilation. O gardien de la barque mystérieuse, gardien d'Apap; amenez-moi la barque, préparez-moi ma place, quand je sortirai en elle de cette terre funeste, renversant les Sashu qui sont en elle sur leur face; ils ne trouvent pas le moyen de se relever. Ra . . . . ses . . . . ; ils se réunissent à la terre. Les esprits sont fermes sur leurs avirons. Hâ ouvre . . . . les vivres, amène-moi dans ta barque, viens, ô âme sacrée de . . . . va vers le lieu où tu sais qu'elle est.

Dis moi mon nom, est-il dit (à l'Osiris Nebseni) par la barque : maître de la double terre dans la chapelle est ton nom.

Par la poupe : marche d'Apis est ton nom.

Par la proue : couverture de la barque d'Anubis, pour les offrandes funéraires est ton nom.

Par la gaffe : cette grande de la route de la région inférieure est ton nom.

Par le gouvernail : ager est ton nom.

Par le mât : amenant le grand à travers sa route est ton nom.

Par le câble : ce grand dos du guide des chemins est ton nom.

Par le hunier : gosier d'Amset est ton nom.

Par la vergue : Nout est ton nom.

Par les bâches : nous sommes faits de la peau de mulet et de celle de l'oiseau dsh (rouge) est votre nom.

Par les rames : les doigts d'Horus, l'héritier est votre nom.

Par la pompe : main d'Iris pour étancher le sang de l'œil d'Horus est ton nom.

Par les flancs du navire : Amset, Hapi, Diaumautef et Kebsennouf; le captif qui fait route, qui voit ce qu'il a fait lui-même est votre nom.

Par la corde : dans les nomes? est ton nom.

Par le banc : aimé est ton nom.

Par le gouvernail : celui qui tient en équilibre les génies, dans l'eau mystérieuse des batons d'enseigne est ton nom.

Par la quille : cuisse de . . . . d'Isis, coupure pour aller près de. . . . . . . est ton nom.

Par le voilier : . . . . ce . . . . de Râ quand il va vers la barque Sekti est ton nom.

Par le vent du Nord quand tu portes en moi : sorti de Toum par la narine du résident de l'ouest est ton nom.

Par le fleuve, quand tu navigues sur moi : le voyant? est ton nom.

Par la vague : anéantissement de celui qui étend les bras dans le lieu saint est ton nom.

Par la terre ferme, quand tu me traverses : résident du ciel, sorti du cercueil dans le champ d'Aarou est ton nom, celui qui en sort joyeux est (aussi) ton nom.

Il dit en même temps à eux : Hommages à la splendeur de vos personnes, seigneur des choses qui existez à toujours et à jamais Que vos mains me fassent traverser. Donnez-moi des aliments et des offrandes pour ma bouche, que je mange les pains et senes cuits

Ma demeure est dans la grande salle devant les deux bras d'Osiris, le dieu grand. Je connais ce dieu grand. Donnez-moi des aliments pour sa narine. Tekem est son nom. Il pénètre dans la montagne de l'est du ciel. Il entre à l'ouest du ciel. Tekem est son nom. Il vient. Je m'éloigne. Il saisit le lieu de torture. Les impies ne s'emparent pas de mes chairs. J'ai des pains à Pa, des boissons à Depu. Vous me faites vos cadeaux en ce jour consistant en offrandes de froment et de doura, en offrandes d'encens, d'habits, en offrandes d'encens, de bœufs, de volatiles, en offrandes de vie, en offrandes de sortir comme Râ, dans toutes les formes dans lesquelles il me plaira de sortir, dans le champ d'Aaru. Quiconque connait ce chapitre dans le champ d'Aarou on lui donne des gâteaux Sens, la liqueur Des de Persen, des champs de blé, de doura, de huit coudées que les serviteurs d'Horus moissonnent. Il mange alors du blé et de la doura.

Il guérit ses membres; il a des membres pareils à ceux des dieux qui sont là. Il sort dans le champ d'Aarou sous toutes les formes qu'il lui plait.

CHAPITRE 12 (63).

Titre : *Chapitre de boire dans la divine région inférieure par le scribe Nebseni, véridique, fils du scribe Qetu-tenu, véridique, enfant de la dame Maut-res-ta, véridique.*

Tableau : Le scribe Nebseni, très-dévôt, fait une libation sur un autel en forme de T.

Il dit : La cruche d'Osiris est ouverte, le vase à libation de Thot, l'eau du Nil, sont ouverts au seigneur de l'horizon en ce nom qui est le mien de *pedsu*. Il m'est accordé d'être maitre de la mare d'eau comme des membres de Set. Moi, je traverse le ciel. Je suis le lion de Râ. Je suis le tueur, mangeant la cuisse. Je traverse l'héritage. Je circule autour des plantations du champ d'Aarou. On me donne l'éternité dans son entier. Je suis un germe d'éternité, à qui l'on donne sa chair pour l'éternité.

CHAPITRE 13 (105).

Titre : *Chapitre de réunir le double de l'enfant du sanctuaire scribe rédacteur du temple d'Amon, Nebseni, véridique, fils du scribe Quetu-tena, véridique auprès du dieu grand, enfant de la dame Maut-res-ta, véridique, très-dévôte à lui dans Xer-neter.*

Tableau : Pthamès fils de Nebseni et de sa sœur leur fait une offrande.

Il dit : Salut à toi, substance de ma durée. Protège-moi. J'arrive. Je brille. Je me lève. Je suis l'âme. Je suis fort, je suis en bonne santé. Je t'apporte l'encens, pour te purifier par lui. Je purifie tes écoulements avec lui. Il est effacé ce mal que j'ai dit; il est purifié ce mal que j'ai fait, il n'est pas élevé contre moi, parce que moi je suis cette pierre de spath vert, qui est au cou de Râ et que je transmets aux habitants de l'horizon; ils sont alors verts et verte est la demeure de mon double (bis) comme ce qu'ils font. Il y a des approvisionnements pour ma personne, comme pour eux (?) La balance se lève, élevant sa vérité à la narine de Râ, le jour où ma personne est là près de toi, mise sur mon épaule à moi. Je suis celui dont l'œil voit et dont les oreilles entendent. Je suis le taureau des chefs qui sont renversés autrement dit des chefs du Nout.

CHAPITRE 14 (30).

Titre : *Chapitre de ne pas laisser le cœur du scribe Nebseni, véridique, fils du scribe Qetu-tena, véridique et très-dévôt, enfant de la dame Maut-res-ta, véridique, se dresser contre lui dans la divine région inférieure.*

Tableau : Thot, seigneur de la balance des deux régions, pèse l'Osiris Nebseni avec son cœur dans une balance. Osiris, le dieu grand, souverain de l'éternité, préside à la scène.

Nebseni dit : ô mon cœur de ma mère, (bis); mon cœur, mon cœur nécessaire à ma transformation, ne te dresse pas contre moi, ne te place pas devant moi, ne me repousse pas devant les divins chefs, ne te sépare pas de moi devant le gardien de la balance. Toi, tu es la substance qui est dans mon sein, compagnon divin qui protège mes membres. Tu sors vers le bon endroit; vous qui en approchez ne souillez pas le nom des compagnons; les gens se tiennent debout; ils sont contents, heureux, entendant le cœur joyeux la pesée des paroles et se lamentant du mensonge à côté de dieu, devant le dieu grand. Seigneur de l'Amenti, protège tes créatures qui sont dans la vérité de paroles. Dit par le scribe Nebseni, maître de l'état de béatitude; il dit : mon cœur est à moi dans la demeure des cœurs; mon cœur est à moi dans la demeure des cœurs. Salut à toi, ô mon cœur (ab), salut à toi, ô mon cœur (hati), salut à toi, ô mon cœur (bsek); salut à vous, ô ces dieux disant du bien de moi à Râ, répétez cela à Nehbqa, pour que le scribe Nebseni, très-dévôt, fils du scribe Tena, enfant de la dame Maut-ar-tâ, véridique, ne meure pas de nouveau dans la divine région inférieure.

CHAPITRE 15 (26).

Titre : *Chapitre de donner le cœur du scribe Nebseni à lui dans la divine région inférieure.*

Tableau : Anubis qui demeure à Out offre au scribe Nebseni le cœur de celui-ci.

Il dit : mon cœur est à moi à la place des cœurs, mes entrailles sont à moi à la place des entrailles ; mon cœur est à moi, il se réunit à moi. Je n'ai pas mangé les gâteaux d'Osiris à côté de lui, le résident de l'Ament ; je n'ai pas empêché la barque Xuxet de descendre ni de monter le courant du fleuve, entrant pour naviguer, je mange. J'ai ma bouche pour parler, mes jambes pour marcher, mes bras pour renverser mes ennemis.

Ma bouche est ouverte, mes bras sont à terre ; ouverte par Seb.

Je m'élève près de lui ; la déesse Sexet m'est montrée Mon ordre est fait dans Memphis. Je ne suis pas privé de mon cœur ; je suis maître de mes entrailles, je suis maître de mes bras, je suis maître de mes pieds.

CHAPITRE 16 (22).

Titre : *Chapitre de donner la bouche au scribe des temples du Nord et du Sud, Nebseni, véridique etc. à lui dans la divine région inférieure.*

Tableau : Le gardien de la balance touche la bouche du scribe Nebseni.

Il dit : Je me lève, dans l'œuf dans la terre mystérieuse. Il m'est donné ma bouche pour parler devant les dieux du Tiau. Ma marche vers les divins chefs n'est pas empêchée ; le dieu grand, Osiris, seigneur de Rosta regarde ceux qui sont sur le faite de l'escalier. J'arrive, je fais ce que désire mon cœur qui est dans le double bassin de feu ; j'éteins la flamme à son apparition.

CHAPITRE 17 (23).

Titre : *Chapitre d'ouvrir la bouche du scribe Nebseni, très-dévôt dans Neterxer.*

Tableau : Le Sem qui fait l'ouverture de la bouche du scribe Nebseni, très-dévôt.

Il dit : ma bouche est ouverte par Ptah, l'entrave de ma bouche est déliée par Nout? Je vais à lui. Thot est plein et muni de ses charmes magiques. Il délie les entraves de Set, qui gardent ma bouche. Toum m'a donné à mes bras de rejeter les entraves. Ma bouche m'est donnée. Ma bouche est ouverte par Ptah avec cette lame de fer, avec laquelle on ouvre la bouche des dieux. Je suis Sexet, Uadjit, assis au côté occidental du ciel. Je suis Sahit au milieu des divins esprits de An. Tous les charmes et toutes les incantations sont dites pour moi. Cela?? Les dieux se tiennent près d'eux. Ma neuvaine de dieux est réunie; la neuvaine de leurs dieux est réunie.

Chapitre de détruire l'être vivant dans Xerneter avec les enfants de Shu (bis). Le matin d'aujourd'hui est maître du livre en se levant, les deux bras existent, les têtes existent, j'adore chaque jour.

CHAPITRE 18 (100).

Titre : *Chapitre d'instruire le Xou de le faire entrer dans la barque de Râ, avec la suite de ce dieu.*

Tableau : Manque.

Je fais passer ce Bennou vers l'Ouest, Osiris vers Mendès. J'entre dans la retraite du Nil, je foule la voie du disque, je traîne Sokar sur son char. Je rends puissante la grande à son instant. Je chante, j'adore ce disque. Je me joins à ceux qui sont parmi les adorateurs, je suis l'un d'eux; je suis le second d'Isis, je rends puissants les génies; je prépare mes places; je repousse mes ennemis; je repousse leurs pas; Râ me donne ses bras, je ne repousse pas ses paroles saintes; je suis puissant, l'udja est puissant; l'udja est puissant, je suis puissant; il est distingué l'Osiris, scribe rédacteur du temple de Ptah, dans les temples du Sud et du Nord, enfant du sanctuaire, Nebseni, très-dévôt, à la suite de son dieu Ptah, grand de la muraille du midi; fils (littéralement fait) par le scribe Qedu-tenna, véridique auprès du dieu grand, chef de l'éternité, enfant de dame Maut-res-ta, véridique auprès d'Anubis.

CHAPITRE 19 (54).

Titre : *Chapitre de respirer les souffles dans la terre par le scribe Nebseni etc.*

Il dit : O Toum donne moi ces excellents souffles qui sont dans ta narine! Moi, je soutiens cette grande demeure qui est au milieu de Unnu. Je connais cet œuf du grand glousseur. Je prospère et il prospère, je vis et il vit; je respire les souffles et il respire les souffles.

CHAPITRE 20 (134).

Titre : *Chapitre d'entrer dans la barque de Râ, d'être à la suite de ses dieux, récité par le scribe Nebseni, etc.*

Tableau : Le scribe Nebseni et sa fille qui l'aime, Ta-mennofert, véridique sont en adoration devant une barque montée par Shu, Tefnut, Seb, Nut, Osiris, Isis, Horus et Hathor.

Salut à toi, au milieu de sa chapelle, qui se lève, qui se lève, qui rayonne, élevé à son gré; tourne la face vers les humains, dieu Xepra au milieu de sa barque; est renversé Apophis par les enfants de Seb. Renversez les ennemis d'Osiris, détruisez leurs constructions de la barque de Râ; Horus frappe vos têtes au ciel quand vous y êtes sous forme d'oiseau, vos cuisses sont mises au lac parmi les poissons; tous les ennemis, Osiris les détruit. Il entre au ciel, il sort sur terre; ils viennent à l'eau, ils vont aux astres Thot les coupe. Le fils de la pierre, sorti de la pierre double proclame les . . . . de l'Osiris, le scribe rédacteur dans les temples du Sud et du Nord Nebseni, le très-fidèle au ciel. Vous voilà, ces deux seigneurs des massacres, maitres de la terreur. Il se purifie dans votre sang; il s'inonde de votre sang;

comme Osiris vous détruit dans la barque de son père Râ. C'est Horus fils d'Isis, qu'a allaité Nephthys, comme ils firent pour celui qui repousse les associés de Set. Quand ils voient le diadème fixé sur son front, tombez sur vos faces. Lorsque les hommes, les dieux, les génies, les morts voient le diadème fixé sur sa tête, tombez sur vos faces. Osiris est véridique contre ses ennemis, au ciel, sur la terre devant les divins chefs, devant tous les dieux et toutes les déesses. A dire sur l'épervier dont la tête est couronnée de la mitre blanche, sur Toum, Shu, Tefnit, Seb, Nout, Osiris, Isis, Horus, Nephtys. Écrire en ocre sur un papyrus neuf dans la barque l'image de l'âme, l'enduire avec des parfums, leur offrir de l'encens à brûler, des oiseaux grillés. C'est l'adorateur de Râ qui est là. C'est sa barque. Il est accordé de lui faire cela. C'est lui avec Râ chaque jour, à l'endroit où il circule. C'est le massacre des ennemis de Râ, en vérité, des millions de fois.

CHAPITRE 21 (92).

Titre : *Chapitre d'ouvrir la tombe à l'âme de son ombre de l'Osiris, scribe Nebseni, très-dévôt, enfant de dame Maut-res-tu, véridique, de le faire sortir au jour, d'être maître de ses pieds.*

Tableau : Le scribe Nebseni, fils de Tena, véridique, pénètre dans la tombe sous la forme d'un épervier à tête humaine et aux ailes déployées.

Est ouverte la fermeture du lit. Est ouverte la fermeture de mon âme, sur l'ordre de l'œil d'Horus. Je délivre, j'établis les splendeurs au front de Râ. Les jambes s'allongent, les cuisses se soulèvent. Je fais le grand chemin. Mes chairs ont la vigueur. Je suis Horus, vengeur de son père. Je suis celui qui amène son père qui amène sa mère dans son . . . . La route est ouverte au maître de ses jambes, qui voit le dieu grand dans l'intérieur de la barque de Râ. Les âmes sont jugées à l'avant, par celui qui fait le compte des années. Que ma bouche dise : mon âme est comme l'œil d'Horus; sont affermis les ornements au front de Râ. Les ténèbres sont sur vos faces, gardiens d'Osiris. N'emprisonnez pas mon âme, gardez mon ombre. Ouvrez la route à mon âme, à mon ombre. Il voit le dieu grand dans l'intérieur de son naos, le jour de compter les âmes. Il répète les paroles à Osiris, les mystères des divines demeures. Gardiens des chairs d'Osiris, gardiens des génies, des enfermés, des ombres, des morts qui font le mal contre moi; les maux sont faits contre moi. Ta personne fait route avec toi; comme l'âme des gardiens des chairs d'Osiris, gardiens des ombres et des morts. Tu es protégé par le ciel, tu es emprisonné par la terre en toi, étant frappé par les dieux Abiu. L'image est maitresse de ses pieds; le chemin pour ton corps est sur le bras des deux terres. O assis dans le Xen gardez les membres d'Osiris.

CHAPITRE 22 (89).

Titre : *Chapitre de la réunion de l'âme à son corps, dit par le scribe Nebseni, très-dévôt, beau auprès de son Dieu, fils du scribe Quedu-tena et de dame Maut-res-ta.*

Tableau : L'âme, sous forme d'épervier à tête humaine entoure de ses bras la momie étendue sur le lit funèbre.

Il dit : ô dieu Ann, ô coureur dans sa salle des fêtes, dieu grand, accorde que mon âme aille à moi en tout endroit où elle est. Si elle tarde, amène-moi mon âme; si tu la trouves, œil d'Horus, arrête toi, comme le nautonnier d'Osiris, comme celui qui repose dans les lits à An, terre où des milliers se réunissent. Mon âme et mon Xou ont été enlevés en tout lieu où ils étaient. Dire cela . . . . parce que dans son bras sont tes batons. Le ciel est la terre de l'âme en tout lieu où elle se trouve. Si elle tarde, fais que je voie mon âme et mon ombre. Si tu trouves, œil d'Horus, arrête-toi.

CHAPITRE 23 (92).

Titre : *Chapitre d'allumer le feu par le scribe Nebseni, etc.*

Tableau : Api, dame des protections, allume un brasier.

Viens, œil d'Horus, brille. Viens, œil d'Horus, sois éclatant. Viens en paix, rayonne comme Râ à l'horizon. Ecrase les colonnes de Set, sur ses jambes. Elle ne l'amène pas. La flamme prend de la chaleur. L'illumination arrive, circule, conduit les constructeurs, circule autour du ciel à la suite de Râ: sur tes deux bras Râ. L'œil d'Horus vit dans l'intérieur de la grande demeure. Vit, vit, l'œil d'Horus, royal fécondateur de sa mère.

CHAPITRE 24 (119).

Titre : *Chapitre d'entrer et de sortir à Ro-sta, dit par le rédacteur dans la demeure du travail Nebseni, dévôt.*

Il dit : je suis Horus, qui produit sa clarté; viens a moi, Osiris. J'adore tes images, je purifie les souillures qui sont en toi. Je fais le nom dans Ro-sta. Tu es roi à Abydos. Lève-toi Osiris. Tu tournes avec Râ; tu vois les hommes et l'unique qui circule avec Râ. Certes, voilà que je dis à Osiris : je suis le dieu Orion le grand. Je dis : je me transforme, je ne suis pas repoussé de lui, jamais.

CHAPITRE 25 (114).

Titre : *Chapitre de connaitre les esprits d'Hermopolis par le scribe Nebseni, très-fidèle.*

Tableau : Trois dieux à tête d'ibis, les esprits d'Hermopolis. Agitation pour le lever de Net dans Menzat; les œufs faits par son udja? Je passe par lui, je sais qu'on l'a amené à Kes. Je ne le dis pas aux hommes, je ne le répète pas aux dieux. J'arrive en messager de Râ pour établir la plume sur l'épaule, pour le rayonnement de Net à Menzat, pour inspecter, pour faire son appréciation. J'arrive en dominateur pour connaitre les esprits d'Hermopolis, aimant et connaissant qui vous aime. Je connais la vérité; la plante Kemt fleurit, je l'inspecte. Je suis joyeux du compte des nombres. Salut à vous, esprits d'Hermopolis, je connais les petits au mois, au demi-mois, à la fête de la quinze; connaissant Râ et les mystères de la nuit. Sachez que celui qui m'instruit c'est Thot. Salut à vous, esprits d'Hermopolis, comme je vous connais chaque jour.

CHAPITRE 26 (112).

Titre : *Chapitre de connaître les esprits de Pa par le scribe Nebseni, très-fidèle.*

Tableau : Horus, Mesta, Hapi.

Il dit : dieux Betu qui sont parmi les betu et les Anpeti, Xatu et Sexit qui sont dans Pa, Shutu, Axemu-nu, vous qui êtes rassasiés de breuvages, ..., de pains, ... ne savez-vous pas qu'on a donné pour ceci Pa à Horus? Je le sais, vous ne le savez pas. Est-ce que Ra ne le lui a pas donné en récompense d'un mal à son œil? Dans cette circonstance, Rá dit à Horus, permets-moi de voir ce qui arrive à ton œil aujourd'hui. Il le vit. Rá dit à Horus : regarde, qu'est ce que cela sur sa route? Un pourceau noir. Il le regarda : c'était un danger pour son œil, une grande calamité. Horus dit à Rá : mon œil veille en proportion du mal que Set fait à mon œil. Voilà qu'il s'est mangé le cœur. Rá dit aux dieux : placez-le sur ses tapis. Qu'il soit protégé contre Set, qui a fait sa transformation en pourceau noir; voici que la puissance de son œil l'a brûlé. Ra dit aux dieux : le porc est une abomination pour Horus. Oui! qu'il prospère! Le porc est une abomination pour Horus et pour les dieux qui sont à sa suite. Horus et ses enfants abattent ses bœufs, ses vâches et ses porcs. Or, les bêtu qui sont à sa suite sont Mesta, Hapi, Duaumautef et Kebsenouf. Leur père est Horus, leur mère est Isis. Horus dit à Rá : Donne-moi mon frère dans Pa et dans Sepim, avec cette pierre, sois avec moi comme juge éternel. La terre verdit; l'orage est éteint (apaisé), son nom est Horus sur son sceptre; Je connais les esprits de Pa : c'est Horus, Mesta et Hapi. Levez vos têtes, dieux qui êtes dans le Tiau. Je vais à vous; vous le voyez, il devient un grand dieu.

CHAPITRE 27 (113).

Titre : *Chapitre de connaître les esprits qui sont dans Sep par le scribe Nebseni.*

Tableau : Horus, Diaumautef, Kebsenuf.

Il dit : Je connais le mystère de Sep; c'est Horus, c'est ce que sa mère a fait et arrangé sur l'eau en disant : vous me dites le chapitre du salut pour moi ; la route derrière vous est parcourue. Râ dit : Malheur! mon fils, celui (que j'ai eu) d'Isis, regarde sa mère elle-même. On nous amène l'abondance. Sebek, seigneur des marais, il la pécha, il la trouva. Sa mère lui . . . . . . , Sebek. seigneur des marais, dit : J'ai cherché, j'ai trouvé leur victime, avec mes doigts sur les bords de l'eau. Je l'ai péché avec le filet, c'est un filet Xoper. Râ dit : il y a donc des poissons avec Sebek et il s'est trouvé aussi que les deux bras d'Horus sont des poissons. Râ dit : Mystère (bis), sur le filet. Il amène les bras d'Horus. Il est ouvert par devant à la fête du mois et du demi-mois, le quinze : on trouve les poissons. Voilà que Râ dit : J'ai donné Sepi à Horus pour être la place de ses bras devant lui et de ses mains à Sepi. Je lui ai donné les prisonniers qui sont en eux au mois et au demi-mois. Horus dit : J'accorde de sauver Diaumautef et Kebsenuf avec Sai. Je l'accorde. C'est mon ventre qu'ils ont mis sous le dieu de Sepi. Râ dit : que cela te soit donné là et dans Sati. Qu'on rende des honneurs à celui qui est dans Sepi : puisque leurs corps soient avec toi. Horus leur dit : Ils sont avec toi, avec moi pour que j'écoute Set implorant les esprits de Sep. Il m'est accordé d'entrer auprès des esprits de Sep. Ouvrez-moi, Horus, soutiens-moi. Je connais les esprits de Sep. C'est Horus et ce sont Diaumautef et Kebsenuf.

CHAPITRE 28 (10?).

Titre : *Chapitre de connaître les esprits de l'occident par le scribe Nebsent, très-fidèle.*

Tableau : Toum, Sebek, seigneur de Bax, Hathor dame d'Aserlu.

Il dit : cette montagne de l'enfantement (ou du rayonnement?) sur laquelle repose le ciel est une muraille qui a une coudée 6 palmes et demi, balance des deux terres, dans sa longueur et 300 coudées dans sa largeur. Sebek est le seigneur du lever à l'orient de cette montagne. Son temple est dans les flancs. Il y a un serpent au front de cette montagne ; il a 50 coudées en longueur et trois coudées en pierres dures à sa partie antérieure. Je connais le nom de ce serpent qui est sur sa montagne : « celui qui est dans sa flamme » est son nom. Quand, après cette période de temps, il se retourne sur lui-même, son œil est sur Râ. Quand il arrive ensuite qu'il se dresse contre sa barque, il est longuement regardé dans l'intérieur de sa barque. La jambe qui est sous lui, a . . . . . coudées, dans une grande eau. Alors Set fait fuir Tait loin de lui. Le lien de fer est mis à lui. Il vomit tout ce qu'il boit. Set le place dans son enceinte, en lui disant comme incantation : éloigne-toi, fer mis à mon bras. Je me tiens dans ton enceinte vraie. La barque circule. Regardant la route, le sommeil m'est donné. Ta tête est enveloppée. Tourne-toi vers la libation que tu reçois. Je suis sauf, je suis sauf. Je suis le seigneur des charmes. On m'a donné cette larme de l'âme qui va sur son ventre, son derrière, son dos. Vois! je m'éloigne. Ta double force est avec moi. Je suis celui qui est très-fort. J'arrive, je saisis le serpent Akit de Râ qui s'approche de moi au milieu de la nuit. Il circule autour du ciel et de la terre. Tu es dans la vallée, ... par devant. Râ se joint à lui en vie à son horizon. Je connais la beauté des choses, le moyen d'en repousser Apophis. Je connais les esprits de l'Ament : c'est Toum, c'est Sebek, seigneur de Bexa; c'est Hathor, dame de la nuit.

CHAPITRE 29 (109).

Titre : *Chapitre de connaître les esprits de l'orient par le scribe Nebseni.*

Tableau : Horus des deux horizons est adoré chaque jour par le défunt, qui lui offre un veau.

Il dit : je connais cette porte de l'orient du ciel dont le sud est dans le lac des Xaru, le nord dans le Noui, des oies *ro*, à l'endroit où Râ navigue poussé par les vents. Je suis le gardien des nouvelles dans la barque divine. Je suis le nautonnier qui ne repose pas dans la barque de Râ. Je connais le sycomore de mafek. Quand Râ paraît là, ils s'éloignent. Shou soulève les piliers du ciel. Je connais toute porte par où sort Râ. Je connais le champ d'Aalu dont l'enceinte est de fer, dont le blé a cinq coudées de haut, son épi ayant deux coudées et sa tige trois coudées; la doura de trois coudées, les épis ayant trois coudées et la tige trois coudées. Des génies de neuf coudées de longueur, chacun, le moissonnent à côté des esprits de l'orient. Je connais Horus du double horizon; c'est le veau de Râourti (le soleil deux fois grand). Divine adoration à Râ, chaque jour. Cela a été construit par le scribe Nebseni, très-dévôt, excellent auprès du dieu grand, enfant du scribe Qedutena, véridique. La ville de dieu, je la connais, je connais son nom: le champ d'Aalu est son nom.

CHAPITRE 30 (104).

Titre : *Chapitre pour que la place du scribe Nebseni ne soit pas prise dans Xer-neter.*

Le tableau manque.

Il dit : ma place, mon siège, les dieux viennent à moi, ils circulent autour de moi. Je suis la momie sacrée; accordez-moi d'être à la suite du grand dieu. Je suis l'âme de vérité, l'homme qui déteste de dire le mensonge : je suis véridique.

CHAPITRE 31.

Titre : *Chapitre d'être parmi les suivants d'Hathor par le scribe rédacteur du temple de Ptah, qui a pénétré les mystères dans les temples, l'enfant du sanctuaire, Nebseni, très fidèle; fils du maître de l'embaumement et des chants, le scribe Qeduutena, véridique, auprès du dieu grand, roi de l'eternité, enfant de dame Maut-res-ta, véridique.*

Tableau : Le scribe Nebseni derrière Hathor.

Il dit : je suis la momie pure et sacrée, l'assistant (bis). Je suis à la suite d'Hathor : pains, bière, bœufs, oies, gateaux.

CHAPITRE 32 (76).

Titre : *Chapitre de faire la transformation en toutes les formes qu'il désire par le scribe Nebseni.*

Il dit : j'ai passé par a royale demeure, grâce à l'oiseleur qui m'a amené. Salut à toi qui t'envoles au ciel, astre illuminateur. . . . . J'ai fait mon chemin? La couronne blanche est là, prospérant à jamais. Dieu grand fais moi ma route, que j'y passe. . . . . heureux contre ses ennemis.

Il dit : je traverse le ciel, je pénètre à l'horizon ; je suis sur la terre, faisant mes pas. Je navigue conduisant les mânes augustes, dont je reçois les charmes et les enchantements. Je mange dans ma bouche, je mâche de mes mâchoires. Je suis l'adorateur de tout dieu du Tiaut. On me donne les choses qui y sont. Verdit le scribe Nebseni joyeux.

CHAPITRE 33 (104).

Titre : *Chapitre de s'asseoir avec les grands dieux par le scribe rédacteur dans les temples, du Sud et du Nord, enfant du sanctuaire Nebseni, très-fidèle auprès de son dieu, etc.*

Tableau : Nebseni est assis entre deux dieux.

Il dit : Je m'assieds avec les dieux grands, je passe par sa demeure; la barque est conduite par l'oiseleur, qui m'a amené pour voir les dieux grands qui sont dans le Xerneter. Je suis véridique devant eux : je suis pur.

CHAPITRE 34 (116).

Titre : *Chapitre de connaître les esprits de An, dit par le scribe Nebseni, etc.*

Tableau : Nebseni adore Râ, Seb et Anubis dans une barque.

Il dit : Je suis au milieu de son œil; j'arrive, donnez-moi les offrandes du soleil. J'apaise Set avec les . . . . du serpent Aker, le sang . . . . le fidèle à Seb dans la barque, sceptre d'Anubis. Je réjouis les mânes qui sont parmi les serviteurs du maître des choses. Je suis le maître des champs et de leurs fleurs. Je suis l'inondation qui apaise la soif des champs desséchés que je vois. O vous dieux . . . . esprits de An, ... excellent en vous, le scribe Qedu, enfant du sanctuaire Nebseni, véridique. Protège-moi, j'ai purifié mon âme beaucoup, beaucoup. Je ne suis pas livré aux impies, sortis des bouches. Il passe, ... il ne tourne pas autour de moi. Je me purifie dans le lac, pour adoucir le jugement. Je me plonge dans le lac sacré, sous le sycomore sacré du ciel et de la terre. Voilà que la jambe véridique des maîtres des têtes, vient, amenant les offrandes. Je suis le grand juste et vrai dans la terre. Je dis cela. Je suis le pavois. Il est sur moi. Il est fort le dieu unique. Ra, seigneur grand vivant d'offrandes là, donne-moi la jambe à moi, voile le bras le jour de l'orage en toutes choses.

CHAPITRE 35.

Louange d'Horus à Osiris.

Sous le texte est représentée une offrande de taureaux, d'antilopes et d'oiseaux, faite par Nebseni, qui se tient debout dans l'attitude de l'adoration et prononce le discours suivant :

« Adoration à Osiris. Xentament, le dieu grand, seigneur d'Abydos, roi de l'éternité, maître éternel, dieu sacré de Rosta par le scribe Nebseni, fils du scribe Tena. Je te présente mes louanges. seigneur des dieux, dieu unique vivant de vérité. Je suis ton fils Horus, je suis venu vers toi, je te salue, je t'apporte les offrandes à l'endroit où est la substance de tes dieux. Accorde-moi d'être parmi ceux, qui sont à ta suite. J'ai renversé tes ennemis ; j'ai établi ta substance sur la terre pour jamais (bis). »

A côté de ces mots le morceau a un titre spécial, qui est écrit au-dessus de la litanie, en ordre rétrograde. Ce titre est : « Chapitre des salutations d'Horus à son père, quand il entre pour voir son père, quand il sort du grand sanctuaire, pour voir Ra Unnofer, seigneur de Toser, et ici ils s'embrassent l'un l'autre ; c'est pourquoi il est heureux dans Xerneter. »

Chaque ligne du texte commence par les mots : « Oh ! Osiris ! Je suis ton fils Horus. Je suis venu. » Ces mots sont indépendants de ceux qui suivent, et il n'est pas certain qu'ils devaient être répétés par le lecteur.

1. Je t'ai supporté.
2. J'ai renversé tes ennemis.
3. J'ai chassé tout mal qui était en toi.
4. J'ai tué ceux qui te faisaient souffrir.
5. J'ai abattu le bras de tes ennemis.

6. Je t'ai amené les compagnons de Set avec leurs chaines sur eux.
7. Je t'ai apporté la terre du Sud, je t'ai réuni les contrées du Nord.
8. J'ai établi pour toi les divines offrandes au Sud et au Nord.
9. Je t'ai cultivé les champs.
10. J'ai arrosé tes fonds.
11. J'ai peiné dans tes biens de terre.
12. J'ai bâti pour toi des réservoirs.
13. J'ai bêché dans tes champs.
14. J'ai fait en ton honneur une hécatombe de tes ennemis.
15. J'ai abattu les bœufs et du menu bétail comme hécatombe pour toi.
16. J'ai approvisionné . . . .
17. Je t'ai apporté . . . . . .
18. J'ai tué. . . . . . .
19. J'ai frappé pour toi antilopes et bœufs.
20. J'ai pris au filet pour toi des oiseaux *Sar* et des oies.
21. J'ai enchainé pour toi tes ennemis sur leurs routes.
22. J'ai garrotté pour toi tes ennemis dans des chaines.
23. Je t'ai apporté l'eau pure d'Éléphantine qui rafraichit ton cœur.
24 Je t'ai apporté toutes les fleurs.
25. J'ai établi ta substance sur terre comme Râ.
26. Je t'ai fait des pains à Pa en doura rouge.
27. Je t'ai fait de la bière à Depu avec du grain rouge.
28. J'ai labouré pour toi le blé et la doura dans le champ Aalu.
29. Je l'ai fauché là pour toi.
30. Je t'ai rendu brillant.
31. Je t'ai donné ton âme.
32. Je t'ai donné la force.
33 Je t'ai donné (la puissance).
34. Je t'ai donné (le triomphe).
35. Je t'ai donné ta crainte (que tu inspires).
36. Je t'ai donné ta bravoure
37. Je t'ai donné tes deux yeux et tes plumes sur la tête.
38. Je t'ai donné Isis et Nephthys, qui te rendent ferme.
39. Je t'ai rempli ton œil d'Horus d'huile.
40. Je t'ai apporté l'œil d'Horus, qui orne ta face.

(Traduction empruntée à ÉDOUARD NAVILLE, *Records of the past*, t. 10.)

CHAPITRE 36 (100).

Titre : *Livre d'instruire l'âme, de la laisser monter dans la barque du soleil devant la suite de ce dieu.*

Je fais passer le Bennou vers l'Est et Osiris vers Tatou. Je traverse la retraite du Nil. Je foule la voie du disque solaire, je traine Sokar sur son char. Je fortifie la couronne Urt à son moment. J'invoque, j'adore le disque. Je me réunis à ceux qui sont parmi les cynocéphales. Je suis l'un d'entre eux. Je suis Isis, je fortifie les Xous, j'enroule la corde, je repousse Xef, je fais rétrograder ses pas Le dieu Râ me tend les bras, son équipage ne me repousse pas. Je suis fort, l'Udjâ est fort aussi. . . . .

CHAPITRE 37 (155).

Titre : *Chapitre du tat d'or à mettre au cou de l'Osiris Nebseni, etc*

Tableau : Un tat.

(Ton dos) est à toi, immobile de cœur, ton épine dorsale est à toi, immobile de cœur ; tu es placé (sic !) sur toi, je te donne ton . . . . qui est une protection ; je t'apporte le tat, qui fait ta joie Ce chapitre doit être dit sur un tat d'or façonné dans le cœur d'un sycomore, oint d'eau de fleur *anxamu*. A placer au cou de ce *Xou*. Il entre par les portes du Tiau comme pétrisseur ! derrière ses paroles comme un conjurateur (?) Il le place (auprès de lui le jour du commencement de l'année) pour les suivants d'Osiris.

CHAPITRE 38 (156).

Titre : *Chapitre du Ta (en cornaline) à mettre au cou du scribe Nebseni.*

Tableau : L'amulette Ta.

Il dit : sang d'Isis, pouvoir magique d'Isis, talisman pour protéger ce grand et briser ce qui lui est odieux. Dire ce chapitre sur un tat de cornaline, oint dans de l'eau de fleur *anxamu*, façonné dans un cœur de sycomore ; le placer au cou de ce Xou. Etant fait cela (cet écrit) est (une vertu magique d'Isis pour le protéger). Se réjouit Horus fils d'Isis en le voyant. Il n'y aura pas de route fermée pour le défunt.

CHAPITRE 39 (160).

Tableau : Thot le dieu grand présente la colonette de Spath au scribe Nebseni. Dit par le scribe Nebseni, très dévôt pres de son dieu : il dit : je suis la colonette de Spath vert, sans flèche; que donne Thot à ses adorateurs et qui déteste le mal. Elle est saine, je suis sain; il n'est pas entaché de mal aussi. (Elle ne blesse pas, je ne blesse pas) Thot dit : le grand est venu en paix (dans Pai Shu (marche vers lui en paix en son nom (de Spath vert), (sa demeure est achevée, le dieu grand) y repose. Toum est sur son œil. Il n'est pas enveloppé . . . . qui entre vers les endroits mystérieux de la demeure d'or, l'enfant du sanctuaire véridique, privé de saisie, amenant la libation à chacun, le scribe instruit, Nebseni, fils de Qued-nu-tena, veridique, enfant de la dame Maut-res-ta, véridique.

CHAPITRE 40 (6).

Titre : *Chapitre de placer la figurine dans Xerneter dit par le scribe dans les temples du Sud et du Nord Nebseni, très dévôt dans le temple de Ptah.*

Il dit : ó la répondante du scribe Nebseni, fils du scribe etc., quand je suis appelé, quand je suis jugé (digne de) faire tout travail à faire dans la divine région inférieure, voilà que tu repousses les impies (comme à un homme maitre) de ses facultés. Juge moi digne, à tout moment de fertiliser les champs, d'inonder les ruisseaux, de transporter le sable de l'Est à l'Ouest . . . .

CHAPITRE 41 (87).

Titre : *Chapitre de faire la transformation en serpent, fils de la terre par le scribe Nebseni, etc., beau auprès du dieu grand.*

Tableau : Un uraeus.

Il dit : je suis le serpent, fils de la terre, multipliant les années. Je me couche et je suis enfanté; je suis riche. (Je suis le serpent, fils de la terre), aux confins de la terre, je me couche, je suis enfanté, je suis riche . . . . . .

CHAPITRE 42 (56).

Titre : *Le scribe Nebseni très-dévôt dit :*

O Toum, donne moi les souffles (agréables) venant de ta narine. Je suis le soutien de cette grande demeure qui est au milieu de Unnu. Je connais cet œuf du grand glousseur? Je pousse, il pousse aussi. Je vis, il vit. Je respire les souffles, il respire les souffles dans Neterxer.

CHAPITRE 43 (88).

Titre : *Chapitre de faire la transformation en crocodile par le scribe etc. Nebseni.*

Tableau : Un crocodile sur un support.

Il dit : je suis le chef de ses terreurs. Je suis le crocodile de ses images. Je suis l'amené pour la destruction. Je suis le poisson de Horus, grand dans Kemui. Je suis le seigneur des courbettes dans Xem.

CHAPITRE 44.

Titre : *Chapitre de ne pas faire les travaux dans le Xerneter par le scribe etc. Nebseni.*

Il dit : je suis le porteur de. . . . . Je me repose. Je sors de Unnu. Je suis l'âme vivante. J'entre dans les cœurs des cynocéphales.

CHAPITRE 45.

Titre : *Chapitre de ne pas entrer vers le billot du dieu dit par le fidèle scribe Nebseni, très dévôt, bon.*

Il dit : Les 4 bandelettes sont roulées sur le derrière de ma tête par celui qui est au ciel, par Ra. Mettez la bandelette au reposant sur ses tresses ce jour de couper la chevelure. Set entoure le derrière de ma tête de bandelettes. Paout des dieux qui sont en sa puissance, chaque fois de combattre, protégez-moi en Mâ-Xeru. Nout entoure le derrière de ma tête de bandelettes ; je vois à ma première fois de voir les offrandes de l'enfant des dieux, manquant . . . . je suis dans . . . . des dieux grands.

CHAPITRE 46.

Titre : *Chapitre d'être à côté de Thot, pour . . . . au scribe Nebseni, etc.*

Il dit : . . . . (je fais des) offrandes à Râ, j'apaise Set, par les écoulements de Akel, les chagrins des fidèles de Seb ; parole Dud, de qui est dans la barque de Sekti, sceptre d'Anubis ; j'apaise ces Xous qui sont parmi les suivants du seigneur des choses. Je suis le seigneur des champs en leur verdure. Je suis le père de l'inondation, qui éteint ma soif, connaissant le lac. Je vois vos pères, ces dieux très-grands qui sont parmi les esprits de An. Je suis élevé sur vous. Je suis l'excellent qui est parmi vous. Je protège, je purifie mon âme, cette grande âme. J'écrase l'ennemi sorti de vos bouches. Il passe, il ne se tourne plus vers moi. Je me purifie dans le lac de rendre favorable le jugement de la divine demeure, sous le sycomore sacré du ciel et de la terre. Voilà que je reconcilie. Je circule en véridique devant mes ennemis. Arrive les arrivées d'offrandes à moi (?) Je suis le préparateur unique et juste qui est dans la terre. Je dis cela : je suis l'héritier, l'ombre, du tombeau seigneur unique, grand disque, vivant de vérité. Ne me saisis pas, ne me souille pas, là ; à l'ombre du soleil, à l'éclair de la montagne sur toutes choses.

CHAPITRE 47.

Titre : *Chapitre de saisir les routes dans Ro-Sta par l'enfant du sanctuaire, Nebseni.*

Tableau : Le scribe Nebseni, le bâton à la main.

Il dit : les chemins du ciel sont dans Ro-Sta; je suis le grand dépouilleur sorti en Mâ-Xeru. Je m'en viens, je restaure . . . . d'Abydos. J'ouvre les routes dans Ro-Sta. J'adoucis les choses comme Osiris. . . . le jugement dans sa bouche fait sa route à travers la grande vallée d'Osiris, taureau de l'Ament. Ma route celle là . . . . enfant de . . . . purifier la demeure d'Osiris. Saisit l'aku dans Rosta . . . . . . conduit Osiris sur le support d'Osiris. Je suis le . . . . de leur support d'Osiris.

Dit par le scribe Nebseni, très dévôt et bon. Il dit : O seigneur de vaillance, sur terre, maitre des massacres, (gardien?) du billot fatal, à qui l'on donne la couronne et la joie, lui donne la domination aux dieux devant le seigneur au dessus de tout (c'est à dire le seigneur au-dessus de tout lui a donné la domination sur les dieux) âme excellente de l'intérieur de Xenensu, accorde d'écraser les maux, qu'il parcoure l'éternité. Sauve-moi de la main de ce dieu mâle.

Les âmes dévorent les ordures, vivent d'immondices. Le gardien qui est dans les rayons du soleil, ceux qui sont parmi les reposants ont peur de lui. Ce dieu mâle dévorant les ordures est Set c'est Xepra au milieu de sa barque le double paut est son corps à jamais. Sauve-moi de la main du gardien appréciateur. Le seigneur au-dessus de tous leur donne l'éclat pour faire la garde des impies (pour se garer) des impies. Ceux qui frappent dans la maison des massacres, qu'ils sortent en se gardant de diriger leurs glaives sur moi. Je n'entre pas dans leurs demeures de massacres. Je ne vais pas vers leurs billots fatals. Je ne m'assieds pas dans l'intérieur de leur lieu de torture. Point ne sont faites les choses comme ce que détestent les dieux, parce que moi je purifie au milieu du lieu de torture. On lui donne le repas du soir sous forme de pluie de pains de la demeure *nen?* O Thot! rends véridique Osiris contre ses ennemis : frappe les ennemis d'Osiris scribe Nebseni, devant les divins chefs, tout dieu et toute déesse devant les divins chefs grands qui sont dans An, cette nuit de combattre pour renverser cet ennemi qui est dans Tatou, cette nuit d'ériger le tat qui est à Xem, cette nuit des choses de l'autel à Xem, qui sont dans Pe et dans Depu, cette nuit d'établir Horus héritier des choses de son père Osiris, qui sont dans la localité des couveuses,cette nuit de faire pleurer Isis son frère Osiris, qui sont dans Abydos, cette nuit de la fête Hakr, où l'on compte les morts et les mânes, où l'on juge des morts, cette nuit de faire l'inspection de ceux qui ne sont plus, devant ceux qui sont dans le grand labourage de la terre, (devant) ceux qui sont à Aarerd-f, (devant) ceux qui sont à Ro-sta ; cette nuit de rendre véridique Horus contre ses ennemis. Horus est grand Heureuse est la double chapelle, Osiris est content de cela, son cœur se dilate, quand Thot rend véridique Osiris. Il est dit par le scribe Nebseni, véridique, contre ses ennemis devant les divins chefs de tout Dieu et de toute déesse,devant vos divins chefs:Osiris vous juge derrière la chapelle. Je suis Toum (ou les hommes); je suis fait comme eux. J'entre comme l'épervier, je sors comme le bennou, j'adore Ra. On me fait ma route, j'entre en paix à l'Ouest, j'atteins le lac d'Horus. On me fait ma route, j'entre, j'adore le seigneur de la vie, je dis : le pied est empêché d'arriver. Je fais la garde, je garde l'Osiris, le scribe Nebseni très-dévôt et bon. Je vole, je plane, mes cheveux sur moi sont à mon front ; conçu d'Isis, enfanté par Nephthys ; elles chassent mes adversaires et mes terreurs sur mes bras. Grand comme les dieux, je tourne autour des ancêtres et des hommes d'aujourd'hui. Je détruis les injustices et les maux. Je dépouille ceux qui cachent leurs bras. Je pétris les broussailles, faisant les offrandes, j'apaise les terreurs de ceux qui sont dans Xer-Seka, tout dieu portant les coiffures atew, vengé de tous les dieux et vipères qui sont dans la porte (?) cf. p. 44.

Chapitre de ne pas mourir pour la seconde fois dit par le fidèle scribe Nebseni, très-dévôt, beau.

Il dit : le ciel m'est ouvert, la double chapelle m'est ouverte, les Xous sont renversés dans le sein des ténèbres . . . . l'œil d'Horus est vénéré et renouvelé . . . . . . moi de votre bras . . . . Rá. Ils . . . . Je suis violent, je vis de toi fils d'Isis. Moi, je vois tes massacres. Je suis devant les dieux. Je ne meurs pas de nouveau.

Chapitre de ne pas entrer près du billot fatal du dieu récité par le fidèle scribe du temple de Ptah. Nebseni.

Il dit : le gardien du ciel a enveloppé le derrière de ma tête de quatre bandelettes. Il a établi les bandelettes sur les reposants, sur les deux chevelures, ce jour de couper la tresse (?) Les bandelettes ont été enroulées autour de ma tête par Set. Premier paout des dieux qui sont en sa puissance, pour combattre, sauvez-moi. La bandelette a été enroulée derrière ma tête par Nout, la première fois que je vis les offrandes des enfants des dieux ashemu. Moi, je regarde . . . .
devant les grands dieux. (Cf. Chapitre 45.)

Chapitre de vivre des souffles dans Xerneter, dit par le scribe Nebseni, très-dévôt.

. . . . . (je suis) sorti du Nou, vers la nappe de l'ouest (?). . . .
. . . . . . Je parle aux Xous . . . . caché, leur demeure, aux Xous . . . . les deux lions . . . .
. . . . la barque . . . .
Je suis fort là, je vis là des souffles, je passe dans la barque de Râ. On m'ouvre, ouvre-moi les portes de Seb. J'ai saisi le grand champ . . . . leurs chapelles, ...
les enfants sur moi. J'entre . . . . je mange, je descends dans la barque, je rejoins ceux qui sont dans le bateau Moati, parmi les suivants de Râ . . . .
devant lui. Je vis après ma mort chaque jour . . . .
. . . . je suis fort comme les deux lions, je vis assisté après ma mort. C'est le scribe Nebseni, maitre de dévotion, creusant la terre, sorti du lotus sur l'ordre du dieu hotep des deux terres.

CHAPITRE 48.

Titre: *Chapitre de sortir du filet dit par le scribe Nebseni, etc.*

Il dit : ô celui qui voit le derrière de sa tête, qui est dans le cœur . . . . envelopper, percer les enfants jugent leurs pères derrière . . . circuler . . . . dans le Nou. Ne m'enveloppez pas de votre filet, celui avec lequel vous enveloppez les abattus, ni de vos cordes avec lesquelles vous ficelez ceux qui sont à travers la terre. Ses branches d'arbre sont au ciel, ses poids sont sur la terre. Je sors de l'abri, je me lève de l'intérieur de la prison(!) Je sors du *dds*. Sebek se lève; je fais l'ouverture; écoutez le pêcheur de poisson. Je déroule celui dont les doigts sont en repos. Je connais le grand (doigt?) qui est en lui : c'est le grand doigt de Sokar. Ne repousse pas. La branche d'arbre qui est en lui, c'est la jambe de Nemu. Le . . . en lui, c'est la main d'Isis . . . c'est ce glaive du gardien du glaive, de l'anneau d'Horus . . . . les jambes de (Thot!) c'est cette demeure des deux lions . . . . pêcheur . . . . ce sont les . . . . . qui sont à An . . . . . elle pêche, c'est cet ouvrier (!) sur le bras des pleureurs. (Ici il y a une vignette représentant Nebseni sortant d'un filet) . . . . eau . . . . grand . . . . écoutant les paroles à An, cette nuit de la fête du quinze dans la demeure de la lune. — Je connais (le nom) . . . . cette jambe . . . Le chef des dieux se tient debout sur elle (1) . . . . cet . . . . Il le place . . . . ce . . . . qui réjouit tout dieu, sauve . . . . dieu derrière lui. Horus le lui place . . . . ce . . . . assis seul au milieu des ténèbres, sans voir, effrayant les êtres, qui font des adorations . . . . je sors du filet (!!) comme Horus, je parcours la terre . . . . la terre en moi, ... les deux grands pêcheurs sont . . . par Horus. Le cœur d'Hathor m'est donné; je vais auprès du pêcheur, ayant ma canne dans la main. Je coupe, je . . . . je sors, je circule autour. . . . . . Je me déroule du filet . . . . la canne de peur à la porte de . . . . ce . . . . d'Osiris. Les doigts façonnent cela; ce sont les deux doigts sur la main de Rá, le pouce. . . . .

Ici il y a dans le Papyrus une large déchirure qui a emporté presque complètement une dizaine de lignes. On ne parvient à déchiffrer que quelques mots qui ne donnent aucun sens suivi. Par exemple : en repoussant, c'est la jambe de Nemu, cet ongle . . . . c'est le . . . . de Rá, je connais le nom du pêcheur . . . . Seb . . . . je . . . . à toi mes apports . . . . pêcheur lui-même, traversant la terre, ... dans l'intérieur . . . . dans ce filet derrière . . . . je le connais sur ses branches du ciel, ... moi, ne repousse pas . . . . mon bâton est dans ma main, ma canne est dans ma main . . . . je le mets à sa place . . . . je plante mon arc . . . . sa demeure . . . . les . . . . qui sont à moi (?) ce sont les doigts de Sokar, ... ce (bâton?) qui est dans ma main, c'est la griffe d'Hathor.

---

(1) Ou bien : Le chef des dieux du ciel se tient debout

CHAPITRE 49.

. . . .

J'arrive, je m'assieds, je suis à la suite de ce grand dieu, je traverse le bassin de Xa pour voir le ciel du nord. J'écoute les paroles des dieux. Je leur fais ce qu'il faut leur faire, je donne des acclamations à leurs personnes. Je vis là de leur vie. Il sort le scribe rédacteur du temple de Ptah, Nebseni, très-dévôt, qui voit l'œil de Râ, qui suit (?) Horus et Set en tête, qui évoque les souvenirs, qui sort et entre dans le Neterxer.

CHAPITRE 50 (17).

Titre : *Chapitre de la résurrection des mânes, de sortir du jour, de faire sa transformation dans toutes les formes qu'il lui plait, de jouer aux dames, de s'asseoir dans la salle divine, de sortir du jour dit par le scribe Nebseni, très-dévôt, après son ensevelissement. Étant glorieux ce qu'ils ont fait sur terre, mes paroles s'accomplissent.*

Je suis Toum, quand il est seul dans le Nou, Râ à ses levers quand il a commencé à gouverner ce qu'il avait fait. Qu'est cela? C'est Râ à son lever du commencement, gouvernant ce qu'il a fait; c'est le commencement de Râ se levant et gouvernant ce qu'il a fait, comme un être formé. Shou s'est levé. Ils sont sur (l'escalier) à Shmoun. Il a mis les fils de la révolte parmi ceux qui sont à Shmoun. Je suis le dieu grand qui a formé son corps lui-même (c'est-à-dire l'eau), Nou (père des) dieux, (?) Ra, créant ses noms près des dieux. Qu'est cela? C'est Râ, créateur des noms de ses membres, qui deviennent les dieux qui sont à sa suite, qui n'est pas repoussé parmi les dieux. Qu'est cela? C'est Toum, dans le disque, autrement dit c'est Râ, se levant à l'horizon oriental du ciel. Je suis hier et je connais aujourd'hui. Qu'est cela? Hier, c'est Osiris. Aujourd'hui, c'est Râ, ce jour d'anéantir les ennemis du seigneur au-dessus de tout et où est consacré son fils Horus : autrement dit le jour de la fête *aumenium* où est fixé l'ensevelissement d'Osiris par son père, le vôtre(?) Il y est fait l'acte de combattre les dieux quand je l'ordonne. Qu'est cela? C'est le pays de l'enfer, fait par les béliers des dieux quand l'ordonne Osiris, seigneur du pays de l'enfer. C'est l'Amenti, c'est l'image de Râ, tout dieu qui y entre y livre combat. Il met cela sur eux. Je connais ce dieu grand qui y est. Qu'est cela? C'est Osiris, autrement dit la louange de Râ est son nom. C'est l'âme de Râ. Il fornique en lui-même. Je suis ce bennou qui est à An, gardien . . . . Qu'est cela? C'est Osiris . . . . c'est le dieu grand. Autrement dit c'est l'éternité avec l'infinie durée du temps. L'infinie durée du temps, c'est le jour. L'éternité c'est la nuit. Je suis le dieu Asi quand il sort. Mes deux plumes sont placées sur ma tête. Qu'est cela? C'est Arâmsi. C'est Horus, vengeur de son père. Ses apparitions, ce sont ses naissances. Ses deux plumes sur sa tête, c'est la marche faite par Isis avec Nephthys. Ils les mettent sur sa tête comme étant deux jumelles. Voilà ce qui est placé sur sa tête; autrement dit ce sont les deux uraeus très grandes qui sont au front de mon père Toum; autrement dit ce sont ses deux yeux, les deux plumes sur sa tête. Je suis à terre. J'arrive dans mon œil. Qu'est cela? C'est l'horizon de mon père Toum, écrasant mes souillures, immolant mes péchés. Qu'est cela? C'est l'émasculation du scribe Nebseni, très-dévôt. Je dissipe les maux qui m'accablent. Qu'est cela? C'est le purifié le jour de la naissance dans le double grand nid, qui est dans Xenensou, le jour des offrandes des sages à ce dieu grand qui y réside. Qu'est cela? Des millions est le nom de l'un, grande verte est le nom de l'autre. C'est le bassin de natron avec le bassin de Mati. Autrement dit : parcourant les millions est le nom de l'un, grande verte est le nom de l'autre; autrement dit engendreur de millions est le nom de l'un, grande verte est le nom de l'autre; or, le dieu grand qui y est, c'est Râ lui-même. Je marche sur la route. Je lave ma tête dans le bassin de Mâti. Qu'est cela? C'est Ro-Sta, la porte au sud d'Anroutef et la porte au nord d'Aa Osiris; le bassin Mati est à Abydos; autrement dit c'est la route par laquelle marche Toum pour traverser le champ Aarou. J'arrive à la terre des Xous, sortant par la porte Ser. Qu'est cela? Le champ d'Aarou qui produit l'alimentation des dieux qui sont derrière les sarcophages. La porte Ser est celle où le dieu Sou soulève (le ciel?) La porte du nord est la porte du dieu; autrement dit ce sont les deux battants de porte que traverse Toum, quand il se rend à l'horizon de l'est du ciel. Ancêtres donnez-moi vos bras; car je deviens l'un de vous. Qu'est cela? C'est le sang qui est sorti du phallus de Râ, quand il fut entraîné à se mutiler lui-même; il s'en est formé des dieux qui font escorte à Râ; ce sont Hou et Sa quand il suit Toum, chaque jour. Je complète l'œil après qu'il a disparu le jour de la lutte des deux Rehouis. Qu'est cela? C'est le jour du combat d'Horus avec Set, quand il lança ses dejections à la face d'Horus, quand Horus saisit les testicules de Set : c'est Thot qui a fait cela (réglé ce combat) de ses doigts, portant la chevelure dans l'œil sacré à l'époque des désordres célestes. Qu'est cela? C'est l'œil droit de Râ, dans ses désordres contre lui quand il est entré. C'est Thot qui soulevant la chevelure en lui, lui ramène la vie, la santé, la force, sans relâchement. Autrement dit si son œil est malade, si son second œil pleure, alors Thot le lave. Je vois, c'est Râ, né hier, sur la cuisse de devant de Mehturt, qui est son œil sain. Qu'est cela? C'est Nou- . . . . autrement dit c'est l'œil du soleil le matin de son enfantement quotidien : or, Mehour est l'œil de Râ (litt. de chaque jour!) Or, je suis un de ces dieux qui suivent Horus et parlent selon la volonté de leur seigneur. Qu'est cela? Ce sont Amset, Hapi, Diaumautef et Kebhsennouf. Hommage à vous, seigneurs de vérité, divins chefs qui êtes derrière Osiris, qui portez les blessures aux mauvais principes, qui accompagnez l'unie à celle qu'elle protège. Accordez-moi que quand je viendrai à vous, j'aie détruit toutes mes souillures, comme vous l'avez fait pour les sept lumineux qui sont à la suite du seigneur du nome Seba; Anubis leur a fait place ce jour de viens à nous! Qu'est cela? Les dieux seigneurs de vérité c'est Set avec Astès, seigneur de l'Amenti. Les divins chefs qui sont derrière Osiris, ce sont Mesta, Hapi, Diaumautef et Kebhsennouf; ce sont ceux-là qui sont derrière la cuisse du ciel du Nord, ceux qui portent les blessures aux mauvais principes et accompagnent l'unie à celui qu'elle protège; ce sont les crocodiles dans les eaux, l'unie à celui qu'elle protège, c'est l'œil de Râ, autrement dit c'est la flamme qui accompagne Osiris, pour brûler les âmes de ses ennemis. Toutes les souillures, gardez qu'elles soient faites au fidèle envers Osiris, le scribe rédacteur du sanctuaire de Ptah, Nebseni Sa sœur, la maitresse de maison Iseneb . . . avec les seigneurs de l'éternité, depuis qu'il est sorti du ventre de sa mère. Les sept lumineux, ce sont Amset, Hapi, Tiaumautef, Kebhsennouf, Maa-tef-f, Ker-bek-f, Har-em-xent-an-mer-ti. Anubis les a placés en protecteurs du sarcophage d'Osiris, autrement dit, derrière le lieu de purification d'Osiris; autrement dit, les sept lumineux sont Téh-téh, Qat-qat, le taureau qui ne reçoit pas de feu, au sein de sa flamme, celui qui arrive près de celui qui est dans son heure, le dieu aux yeux rouges, habitant Hat-ans, celui qui a le visage en feu et vient à reculons, celui qui voit dans la nuit et qui est amené au jour. Ce sont les portes? des chefs d'Anroutef, Horus est son nom. Le jour de Viens à nous! c'est le jour où Osiris a dit au soleil : Viens. Je le vois repoussant vers l'Amenti. Je suis l'âme entre ses deux jumelles. Qu'est cela? C'est Osiris quand il entre dans Tattu, qu'il y trouve l'âme de Râ Alors l'âme de l'un embrasse l'âme de l'autre et il en résulte l'âme entre ses deux jumelles. C'est Horus vengeur de son père avec Har-em-xent-an-mer-ti. Autrement dit, l'âme entre ses deux jumelles c'est l'âme de Râ, c'est l'âme d'Osiris, c'est l'âme de celui qui est dans Su, c'est l'âme de ce qui est dans Tefnout, c'est l'âme de ce qui est dans Tatou. Je suis ce chat à côté duquel est coupé le perséa dans An, la nuit du massacre des ennemis du seigneur qui est au-dessus de tout. Qu'est cela? Ce chat mâle, c'est Râ lui-même, surnommé chat d'après le dire du dieu Sa; il est nommé chat d'après ce qu'il a fait. Autrement dit c'est Su quand il agit dans la demeure des livres de Seb et d'Osiris. Celui qui coupe le perséa qui est à côté de lui à An, c'est l'enfant de la rebellion contre la vérité, contre ce qu'ils font. La nuit du combat, c'est quand ils entrent à l'est du ciel; alors il y a combat au ciel et dans le monde entier. O toi, qui es dans son œuf, rayonnant dans son disque, se levant à l'horizon, se façonne(?) de son métal, qui est . . . . . . dieux; qui circule dès que Shou l'a soulevé, qui produit les vents par les feux de sa bouche, [qui illumine la double terre de sa splendeur, sauve]. l'Osiris Nebseni très-dévot de la main de ce dieu aux formes mystérieuses, dont les sourcils sont [les bras de la balance?] la nuit du [compte de la destructrice?] Qu'est cela? Ce qui amène son action; c'est cette nuit du compte de la destructrice, c'est la nuit du feu contre les renversés, c'est l'entraînement du méchant dans le lieu de son supplice, la destruction de leur principe vital. Qu'est cela? C'est l'oppresseur, le bourreau? d'Osiris, autrement dit le serpent

Apophis qui est avec une tête portant la vérité; autrement dit c'est l'épervier divin qui a deux têtes dont l'une porte la vérité et l'autre porte le mal. Il fait le mal à qui fait la justice (sic), n'allant pas avec quelqu'un, autrement dit c'est Horus, seigneur du sanctuaire de Xem, autrement dit c'est Thot, autrement dit c'est Nofer-Toum, Sopd repoussant les choses des ennemis du seigneur au-dessus de tout. Sauve l'Osiris scribe rédacteur du temple de Ptah Nebseni, très-dévôt, enfant du scribe Téna véridique et de dame Maut-res ar-ta, véridique, de la main des gardiens, conduisant . . . . taillant ceux qui sont à la suite d'Osiris, qu'ils ne s'emparent pas de moi; que je ne tombe pas . . . . c'est Toum, c'est Anubis, c'est Horus em Xontnmerti; autrement dit ce sont les divins chefs repoussant les choses des ennemis . . . . les grands de Shenni. Que leurs glaives ne s'emparent pas du scribe Nebseni, enfant de scribe Tena, véridique auprès du dieu, seigneur des écrits; que je ne tombe pas dans leurs chaudières, parce que je connais les noms des gardiens, je connais le nom de l'oppresseur qui est parmi eux dans la maison d'Osiris. Le rayon dans l'œil n'est pas vu, mais il circule au ciel comme un feu sorti de sa bouche, commandant le Nil sans être vu. Moi j'ai été sauf sur terre auprès de Râ; j'aborde heureusement auprès d'Osiris. Ne me faites pas opposition, vous qui êtes sur vos autels, car je suis un serviteur du seigneur suprême, selon ce qu'a écrit Xepra. Je m'envole comme un épervier, je glousse comme l'oie, je détruis (sic) éternellement comme Nehbka. Qu'est cela? Ce sont ceux qui sont sur leurs autels, c'est l'image de Râ avec l'image de l'œil d'Horus. O Ra Toum, seigneur de la grande demeure, chef vivant de tous les dieux, sauve le scribe Nebseni très-dévôt de la main de ce dieu qui a une tête de chien, des sourcils d'homme et vit des renversés. [Ici y a une vignette représentant Anubis.] Il y a un repli du bassin de feu qui dévore les corps pour l'enlèvement des entrailles et le rejet des cadavres par celui qu'on ne voit pas. Qu'est cela? Celui qui dévore les multitudes est son nom . . . . .dans la région de . . . . C'est l'oiseau Alpa? qui est sur ce qui est dans Tuninarrudf, vers Sheni; quiconque y arrive impur tombera immolé. Autrement dit, Mates est son nom; c'est le gardien de la porte de l'Amenti.

O seigneur de la crainte sur la double terre, seigneur des

massacres, qui rend prospère le lieu du supplice, qui vit d'entrailles; (Baba est son nom!) c'est lui qui surveille ce repli de l'Amenti. Qu'est cela? C'est le cœur d'Osiris, c'est lui qui est dans toute blessure. Il a reçu la double couronne avec allégresse dans Xenensou. Qu'est cela? Celui qui a reçu la double couronne avec allégresse dans Xenensou, c'est Osiris. Il lui a été ordonné de régner sur les dieux le jour de la constitution du monde en présence du seigneur suprême. Qu'est cela? Celui qui a reçu l'ordre de régner sur les dieux, c'est Horus, fils d'Osiris, qu'on a fait régner à la place de son père Osiris. Le jour de la constitution du monde, c'est la réunion de la double terre à l'ensevelissement d'Osiris. L'âme vit à Xenensou . . . . chasser les mauvais principes en parcourant sa route éternelle. Qu'est cela? C'est Râ lui-même. Sauve le scribe Nebseni très-dévôt auprès de ce grand dieu mâle, qui dévore les immondices, qui vit de saletés. La nuit qui est dans les rayons(?) c'est un épouvantail pour le faible. Qu'est cela? C'est Set, autrement dit, l'égorgeur. C'est Horus, fils de Seb. O Xepra dans sa barque! la double société des dieux est son corps à jamais. Sauve le scribe Nebseni très-fidèle de ces gardiens justiciers auxquels le seigneur au-dessus de tout, resplendissant, confie la garde de ses ennemis et qui commettent des massacres comme des bourreaux à la garde desquels rien n'échappe. Que leurs glaives ne s'approchent pas, que je n'entre pas vers leurs lieux de torture, que je ne tombe pas dans leurs chambres de supplice, que je ne m'asseoie pas dans leurs chaudières; qu'on ne me fasse pas ce qu'on fait à ceux que détestent les dieux; parce que moi j'ai traversé le liquide purifiant dans le lieu de naissance, qu'on m'a offert le repas du soir en résine (? ou en bronze?) (dans Tanen?) Qu'est cela? Xepra au milieu de sa barque, c'est Râ lui-même. Ces gardiens justiciers ce sont les deux filles, c'est Isis, c'est Nephthys; ceux que détestent les dieux, ce sont ceux dont on suppute le mal; le liquide purifiant dans le lieu de naissance, c'est Anubis qui est derrière le coffret contenant les entrailles d'Osiris. Celui à qui on a offert le repas du soir en résine dans Tanen(?), c'est le ciel, c'est la terre, autrement dit, c'est la force de Shou dans Xenensou; la résine c'est l'œil d'Horus; Tanen c'est la chambre de derrière d'Osiris; c'est le constructeur de ta demeure, c'est le fondateur de sa maison. [Ptah] circule autour de toi. Horus te purifie, Set te renouvelle et réciproquement. Je sors de cette terre [je m'empare de mes jambes, car je suis Toum.] Je dis(?) : arrière dieu brillant, sur la tête brillante, repoussé par le coureur; — [recule derrière Osiris] qui se garde, sans être aperçu de lui. Je garde Isis; je me trouve élargissant mes cheveux sur moi, mes cheveux épars sur mon front. J'ai été conçu par Isis, engendré dans Nephthys; Isis a détruit mes souillures, Nephthys a retranché mes péchés! La crainte est après moi; les terreurs sur mes bras; des millions d'êtres me touchent de leurs bras. J'approche des sages et je renverse les compagnons de mes ennemis, je dépouille ceux qui cachent leurs bras. Il m'est donné que les deux sœurs sont douces pour moi. J'apaise ceux qui sont dans Xerseka et ceux qui sont dans An. Tout dieu est saisi d'une grande terreur à cause de la grandeur de ma vengeance. Je mange la doura (?) Je vis à mon gré. Je suis l'Uadjit, dame du ciel. Qu'est cela? Ce qui est amené sur ma main est le nom du naos, autrement dit le nom du sanctuaire (ou du lieu de torture?) Le brillant en rayonnant c'est le phallus d'Osiris, autrement dit, c'est le phallus de Râ; celle qui abaisse ses cheveux sur moi, quand mes cheveux sont épars, c'est Isis se rendant mystérieuse : alors elle ramène ses cheveux sur elle. Ouadj dans la flamme, c'est l'œil du soleil. Ceux qui s'élèvent contre moi, — malheur à eux! — Ce sont ceux qui sont derrière Set quand il s'approche d'eux marchant dans la flamme dévorante.

CHAPITRE 51 (18).

O Thot, qui rends la parole d'Osiris véridique contre ses ennemis, rends véridique la parole du scribe Nebseni contre ses ennemis comme tu rends véridique la parole d'Osiris contre ses ennemis devant les divins chefs de Râ, d'Osiris qui sont à An, cette nuit des choses sur l'autel, cette nuit du combat et de la garde des impies, ce jour de l'anéantissement des ennemis du seigneur qui est au-dessus de tout. Les grands divins chefs qui sont à An sont Toum, Shu et Tefnout : le garrotteur des impies c'est le grand anéantisseur de ceux qui sont derrière Set, renouvelant sa violence.

O Thot, qui rends véridique la parole d'Osiris contre ses ennemis, rends véridique la parole du fidèle scribe Nebseni contre ses ennemis devant les grands divins chefs qui sont à Dudu cette nuit de l'érection du double *dud* dans Dudu. Les grands divins chefs de Dudu sont Osiris, Isis et Nephtys, Horus, vengeur de son père. L'érection du double dud dans Dudu, ce sont les deux bras d'Horus, résidant à Xem. Ils sont derrière Osiris enveloppé de vêtements.

O Thot qui rends véridique la parole d'Osiris contre ses ennemis, rends véridique la parole du scribe Nebseni contre ses ennemis devant les grands divins chefs qui sont à Xem cette nuit des choses sur l'autel à Xem. Les grands divins chefs qui sont à Xem sont Horus-em-Xent-n-merti et Thot qui fait partie des chefs d'Anroutef. La nuit des choses sur l'autel à Xem, c'est l'illumination du monde par le cercueil d'Osiris.

O Thot qui rends véridique la parole d'Osiris contre ses ennemis, rends véridique la parole du scribe Nebseni contre ses ennemis devant les grands divins chefs qui sont à Pe et à Depu cette nuit de l'érection de la colonnade d'Horus, d'établir Horus héritier des biens de son père Osiris. Les grands divins chefs qui sont à Pe et à Depu sont Horus, Isis, Amset et Hapi. L'érection de la colonnade d'Horus, c'est la phrase de Set à ses suivants : qu'on érige la colonnade.

O Thot qui rends véridique la parole d'Osiris contre ses ennemis, rends véridique le scribe Nebseni contre ses ennemis devant les grands divins chefs qui sont dans la ville des deux couveuses cette nuit où Isis s'accroupit veillant pour pleurer son frère Osiris. Les grands divins chefs qui sont dans la ville des deux couveuses sont Isis, Horus et Amset.

O Thot qui rends véridique la parole d'Osiris contre ses ennemis, rends véridique le scribe Nebseni contre ses ennemis devant les grands divins chefs qui sont à Abydos cette nuit de la fête Haker où l'on compte les morts, où l'on juge les mânes qui se transforment en danseurs de Teni. Les grands divins chefs qui sont à Abydos sont Osiris, Isis et le guide des chemins.

O Thot qui rends véridique la parole d'Osiris contre ses ennemis, rends véridique la parole du scribe Nebseni contre ses ennemis devant les grands divins chefs qui sont parmi les morts cette nuit de faire le jugement de ceux qui ne sont plus. Les grands divins chefs qui sont parmi les morts sont Thot, Osiris, Anubis, Astes. Le jugement du chemin des morts c'est l'emprisonnement des choses pour les âmes des fils de la rébellion.

O Thot qui rends véridique la parole d'Osiris contre ses ennemis, rends véridique la parole du scribe Nebseni contre ses ennemis devant les grands divins chefs qui sont dans le grand labourage de la terre à Dudu cette nuit du grand labourage de la terre avec le sang qui rend véridique Osiris contre ses ennemis. Les grands divins chefs qui sont dans le grand labourage à Tatou sont (Thot, Osiris, Anubis.) Dès l'arrivée des compagnons de Set, ils se transforment en menu bétail. Alors ils tuent devant ces dieux dès que coule leur sang : cela est fait par le jugement des habitants de Dudu.

O Thot qui rends véridique la parole d'Osiris contre ses ennemis, rends véridique la parole du scribe Nebseni contre ses ennemis devant les grands divins chefs qui sont à Anroutef cette nuit du mystère des formes. Les grands divins chefs qui sont à Anroutef sont Shu, Baba (?!), Râ, Osiris. Cette nuit du grand mystère c'est l'existence dans le cercueil des cuisses, des talons et des jambes de l'*Etre bon*.

O Thot qui rends véridique la parole d'Osiris contre ses ennemis, rends véridique la parole du scribe Nebseni contre ses ennemis devant les grands divins chefs qui sont à Ro-Sta cette nuit où Anubis place ses mains sur les choses derrière Osiris, où il rend véridique la parole d'Horus contre ses ennemis. Les grands divins chefs qui sont à Ro-Sta sont Osiris, Horus et Isis. Le cœur d'Horus est joyeux, Osiris est joyeux, la double chapelle est heureuse de cela, quand Thot rend véridique la parole d'Osiris contre ses ennemis et qu'il rend véridique la parole du scribe Nebseni contre ses ennemis devant ces grands divins chefs qui (suivent) Ra et Osiris, devant les grands divins chefs de tout dieu et de toute déesse, devant le seigneur suprême, qui repousse ses ennemis, qui repousse toutes les souillures qu'il avait (en lui). Si quelqu'un dit ce chapitre purificateur, il sort le jour après l'ensevelissement, il accomplit toutes les transformations (qu'il désire). Celui qui récitera ce chapitre pour lui (le défunt) chaque jour, sera sain et sauf sur terre et passera à travers toute flamme sans être atteint d'aucune chose mauvaise en vérité des millions de fois. Ce que je fais est dans ma main.

CHAPITRE 52 (71).

Titre : *Chapitre de sortir du jour, dit par l'homme pur, le scribe Nebseni, très-fidèle.*

Tableau : Le scribe Nebseni est en adoration devant la vache Mehurt, dame du ciel, maitresse des deux terres.

Il dit : ô épervier qui rayonne dans le Nou, seigneur de Mehurt, rends-moi fort comme tu te rends fort toi-même, retourne-le, dégage-le, place-le à terre, qu'il soit aimé par le « seigneur, face unique pour moi. » Epervier dans l'intérieur des bandelettes, je traverserai ce qui a été clos par Horus, fils d'Isis. Horus, fils d'Isis, rends-moi fort comme tu es fort toi-même, retourne-le, dégage-le, place-le à terre, qu'il soit aimé par le « seigneur, face unique pour moi. » Epervier du ciel du sud et épervier du ciel du nord, je mets la flamme en contact avec la rebellion, faisant remonter la vérité vers celui qui l'aime. Invocation de Thot : rends-moi fort comme tu es fort toi-même, retourne-le, dégage-le, place-le à terre, qu'il soit aimé par le « seigneur, face unique sur moi. « Je suis la plante d'Auroutef, la demeure de l'or, la fleur de l'horizon (caché?)

Invocation d'Osiris : Osiris rends-moi fort comme tu te rends fort toi-même, retourne-le, dépouille-le, place-le à terre ; qu'il soit aimé par le « seigneur face unique sur moi. »

O celui qui est sur ses jambes, en son moment, autrement dit . . . . en ses jambes, en son moment, seigneur des deux dieux « jumeaux », vie des deux dieux « jumeaux », rends-moi fort comme tu es fort toi-même, retourne-le, dégage-le, qu'il soit aimé par le « seigneur, face unique sur moi. »

O Sep-n-nout, qui est dans son œuf . . . . . . de Mehurt, rends-moi fort comme tu es fort toi-même ; retourne-le, dégage-le, qu'il soit aimé par le « seigneur, face unique sur moi. »

Sebek se tient sur son escalier, Neit se tient sur son cours d'eau, à le retourner, à le dégager, à le mettre à terre, à le faire aimer du « seigneur, face unique sur moi. »

O les sept génies qui êtes les bras de la balance, cette nuit du jugement de l'oudja, qui tranchez les têtes, coupez les cous, enlevez les cœurs, arrachez les entrailles et faites les blessures dans le bassin de feu, je vous connais, je connais vos noms ; vous me connaissez comme je connais vos noms; je viens à vous, vous venez à moi; vous vivez par moi; je vis par vous. Transmettez-moi la vie par vos paroles. Il (sic) me donne des années nombreuses en plus de mes années de vie, des mois nombreux en plus de mes mois de vie, des jours nombreux en plus de mes jours de vie, des nuits nombreuses en plus de mes nuits de vie, pour que je sois sauf et rayonne sur mon image; que les souffles soient à ma narine, que mes yeux voient comme les habitants de l'horizon, ce jour de la momification du corps qui se décompose.

CHAPITRE 53.

Titre : *Chapitre de rendre joyeux le cœur du fidèle scribe Nebseni à Memphis et dans le Xerneter.*

Il dit : ô dieu approvisionneur, ô grand des demeures supérieures, donne-(moi) les pains de Ptah, donne-moi les pains, donne-moi les boissons, lave mes vivres en t'approchant devant Sas hert.

O divine barque Maxenti du champ d'Aalu, conduis-moi vers les pains . . . . vers . . . . ton bassin comme mon père Horus passe dans le divin bâteau.

CHAPITRE 54.

Commencement des chapitres du champ Hotep, des chapitres de sortir du jour, d'entrer et de sortir de Xerneter, d'aller (?) dans le champ d'Aaru, d'être dans le champ Hotep, de purifier le seigneur des souffles, d'être puissant là (dans le champ d'Aaru), d'y briller, d'y labourer, d'y moissonner, d'y manger, d'y boire, d'y pratiquer l'amour, de faire tout ce qui se fait sur terre par le scribe rédacteur du temple de Ptah Nebseni très-dévôt enfant du scribe Teta, véridique et de dame Mautresta, véridique.

Il dit : Horus est saisi par Set. Je vois les constructions dans le champ Hotep. Horus a dépouillé Set pour moi. Les chemins des deux parties du ciel sont ouverts par Set. La souillure de Set est pour les souffles sur l'âme de Xef dans la ville de . . . . mert : il arrache les entrailles d'Horus de la main d'Ageru. Alors je navigue dans cette grande barque dans le champ Hotep. Je suis celui qui se sauve dans la demeure de Shu. La terre l'adore, renouvelé, renouvelé (???) Je navigue dans son lac pour aller vers sa ville. Je navigue vers sa ville de Hotep, car moi je repose dans ses choses(?) Il passe; il invoque le paout des dieux, ses ancêtres. Il apaise les deux dieux Xerui et veille à ce que ses créatures vivent heureusement. Il amène les offrandes. Il unit les deux dieux guerriers à leurs gardiens. Il sépare les pleureurs de ceux qui les combattent. Il détruit les dieux qui combattent contre les enfants de sa chair; il coupe les Xous. Je suis maitre d'elle. Moi, je la connais, je navigue dans son lac; j'arrive à sa ville. Ma bouche est puissante. Je suis plus riche que les Xous, ils ne s'emparent pas de moi. Je clos ton autre champ de Hotep, que tu aimes, qu'a fait pour toi le seigneur des vents. J'y brille. J'y mange. J'y bois. J'y laboure. J'y moissonne. Je n'y suis pas détruit. J'y pratique l'amour. Mes discours y sont puissants. Je n'y suis pas choisi comme esclave. Je ne suis pas frappé en elle, ma bouche ne crache pas, Hotep et Qetebu sont forts . . . . . . établi pour soulever Shu enveloppé avec les doux, ce jour de diviser les années. Sa parole est voilée, certes sa parole est mystérieuse. Dire cela . . . . . être maitre de l'éternité, s'emparer de la pérennité par celui qui est en paix, seigneur de la paix. Horus le regarde, comme un épervier de 1000 coudées en largeur, 2000 en vie (longueur?) échangé avec lui? Il va, il vient au gré de son cœur dans le lac de Sem. Il ne crache pas le jour de la naissance de la ville de dieu. Il se joint en mangeant à la ville de Dieu. Il fait son image, sa forme sur toutes choses le jour de la naissance de la ville de Dieu. Hotep est en vie et en gloire; il fait toutes choses bonnes . . . . dans le lac des deux flammes de sa ville. On s'y réjouit. Le dieu Hotep, circule à travers ce champ de . . . . disposant toutes choses le jour de naissance du dieu de la ville. Hotep est en vie et en gloire; il fait toutes choses en elle comme il faut faire dans le double lac de feu. O tout dieu en elle, toute chose mauvaise en elle, le vivant en paix se couvre. Je ne suis pas souillé en plongeant dans les bassins . . . . choses, allant, sortant, le lui amenant. Je suis puissant là. Il saisit Tebenhotep. Je suis maitre de mes paroles, le très-grand dans l'intérieur de mon ventre. Pas ma place celle-là. Je me souviens de lui. Je l'oublie. Je vais. Je laboure. Je suis Hotep pa. Je connais l'eau, les villes, les lacs dans le champ

Hotep. Que je sois là! Que je brille là. Que je mange là. Que j'adore là. Que je moissonne là. Que je laboure là. Que je pratique l'amour là. Que je sois en paix là. Que le dieu Hotep ne lance pas sur moi là. Je navigue dans le lac, j'arrive à la ville de . . . . . Ma bouche est saine: mes deux cornes sont riches; j'ai donné l'abondance aux doubles des Xous; je lance sur le dieu Shu; je connais . . . . je navigue dans le lac, j'arrive au champ Hotep. Le soleil est alors au milieu du ciel. Hotep repose alors. Je laboure à terre; je repose, je m'habille, je sors. Donne-moi que je fasse la joie. J'ai pris ma puissance et ma grandeur. Le dieu Hotep est en paix. J'arrive là. Mon âme est à la suite du dieu Hu sur mes deux bras. O seigneur de la double terre, stables sont mes paroles. Je me rappelle, j'oublie cela. Je vis. Je ne coupe pas. Donne les. . . . . donne-moi la joie. Rends-moi content. Soulève mon phallus. Il reçoit les souffles, étant en paix, le maître des souffles. Je vais là . . . . donne-moi ma tête. Râ dort. Je veille, anéantissant la porte du ciel pendant la nuit. Je suis rebelle; je me joins à la déjection à moi dans ma ville. la ville grande. Je vais là. Je juge. J'inonde. Je traverse les fleurs Uax. Je suis le taureau enveloppé de lapis-lazuli, seigneur du champ, taureau, seigneur des divines paroles, Septis à son heure, Uax. J'arrive. Je mange mes pains . . . . . . Je suis maître des cuisses de bœuf et de mes oies. Shu m'a donné les oiseaux Usnu. Je suis les dieux . . . . J'arrive là, dépouillant mes habits. Je m'enveloppe dans ma bandelette. Alors Râ est au ciel. Je suis ceux qui sont dans le ciel qui suivent Râ au ciel, étant en paix, le seigneur des deux mondes. J'arrive là. Je me réjouis . . . . la route est à moi. Toute fleur d'Horus est en lui. Alors je trouve que je suis . . . . l'oie. Je combats heureusement, Qeqset. J'arrive là; je vois, j'inonde, je juge, Maut, je pratique l'amour. Je pêche les serpents. Sauve-moi Je connais le nom de ce dieu grand, qui dispose sa chevelure, muni de ses deux cornes, il moissonne. Je laboure. Je moissonne . . . . en lapis. Je suis les souffles du paout des dieux. Invocation à Horus : donne-moi ma tête, soulève-moi ma tête, Horus. Je connais . . . .
Je vois là sur le faîte de la demeure. J'enfante la nourriture. Je tue? . . . . les cieux. Je rends florissant et joyeux le taureau du chef du paout des dieux . . . . . .

taureau sur les dieux rendu satisfait par l'offrande de turquoise, blé, doura du lac divin. J'arrive là. Je repousse. Je porte. Je suis l'offrande du paout des dieux. Je soulève le menit dans les lacs des chefs; je soulève le menit; je parle de ma voix; j'adore les dieux qui sont dans le champ Hotep.

A la suite de ce texte vient un grand tableau représentant le scribe Nebseni, exécutant les opérations dont il est question dans le texte. On le voit d'abord simplement en marche. Puis il offre de l'encens à la grande neuvaine des dieux. Puis on le voit naviguer. Après quoi il adore une momie. Ensuite il est représenté faisant la moisson dans le champ Hotep. Ensuite on le voit faisant la chasse aux oies, puis faisant des offrandes. Une autre vignette le représente labourant; une seconde offre la même représentation. Une dernière vignette représente quatre dieux : la grande neuvaine des dieux qui sont dans le champ Hotep. Enfin un dessin représente un serpent à double tête : le serpent qui est dans la localité de l'eau.

A côté du tableau et à gauche, le scribe Nebseni est représenté les bras tendus en l'air, dans la position de l'adoration, avec la légende : Adoration au paout des dieux, louanges au dieu grand par le scribe rédacteur du temple de Ptah Nebseni, très-dévôt. Une autre légende porte : Dit par le scribe rédacteur du temple de Ptah Nebseni, très-dévôt, enfant du scribe Tena et de dame Mautresta. Il adore le paout des dieux qui sont dans le champ Hotep. Il dit : Salut à vous, seigneurs des mânes. J'arrive du champ Hotep, le vôtre, pour recevoir les aliments . . . . dieu grand. Donne que je me réunisse aux aliments donnés par sa personne, consistant en pains, bières, oies, bœufs.

A droite du tableau le scribe Nebseni est représenté : un vase à libation laisse échapper son eau par dessus sa tête. Un esclave lui apporte des bandelettes.

Au-dessus la légende : Proscynème à Osiris et à la neuvaine des dieux qui sont dans le champ Hotep. Qu'ils accordent les provisions funéraires consistant en pains, en boissons, en bœuf, en oies, en habits, en parfums à brûler chaque jour, de reposer sur la tête pendant le cours du jour, de recevoir le souffle dans l'intérieur de leur demeure, pain, lait, vin, aliments, de sortir à la suite de dieu aux panégyries de Rosta, avec les faveurs du dieu grand. Que tout cela soit à la personne du scribe du temple de Ptah Nebseni, enfant du scribe Tena et de dame Mautresta, très-dévôte.

CHAPITRE 55.

Titre : *Chapitre de soulever le Xou, de faire vivre l'âme dans le Xerneter par le scribe du temple de Ptah Nebseni, très-dévôt favori de son dieu.*

Il dit : Nout (bis), créatrice de ce qui est à terre, Horus qui est à sa suite florissant en épervier, dont les deux plumes sont comme Kemehsu, amène lui son âme, détruits pour lui sa parole, ... ouvre lui sa demeure devant les portes qui sont à ce ciel. Voilà que c'est l'image de la porte unique du Nout pour l'Osiris, le scribe Nebseni, très-fidèle et beau. Il ordonne des paroles aux Xous, tu n'a pas faim, tu vas comme eux, tu es comme eux, tu vois la face du scribe Nebseni du temple de Ptah, en son âme, comme un bœuf engendrant le veau, une vache concevant le veau beqt nourri comme les quatre béliers. Il va à vous, Horus, de lapis deux yeux rouge, les deux yeux malade en son temps. Il s'élance, son âme amène ses apports, malade il guérit. Ils vont pour trainer à gauche, cet un comme toi. Ta divine parole est dite : le champ des dieux qui font ton nom en véridique, devant les dieux. Le grand paout des dieux t'acclame le champ des dieux . . . ceux de l'horizon. Leurs portes te sont ouvertes. Ils te louent . . . . Tu es maître de leur sanctuaire . . . . ils sortent, ils portent leurs têtes, ils sont vus devant le dieu grand Xem, . . . détruit sa tête, . . . ta tête n'est pas anéantie, ta tête n'est pas détruite. Ton œil n'est pas anéanti . . . . près des hommes et des dieux . . . . placée la tête établie sur ses protections : dit par le scribe rédacteur du temple de Ptah Nebseni, très-dévôt. Il dit : je t'offre, œil d'Horus les pains. Parole : lion, au cœur orgueilleux pour purifier le corps, ils mangent du figuier qui est dans Au : le scribe rédacteur du temple de Ptah Nebseni. Ils détruisent les entrailles d'Osiris. Elle n'a pas soif, la bouche du scribe Nebseni, très-dévôt auprès de son dieu. Il n'a pas faim, il n'a pas soif, le scribe Nebseni. Sauve-le, Xem, il écrase la faim, exécute le désir. Les chefs, lanceant les vivres, ce sont les gardiens de l'inondation. Ordre du scribe rédacteur du temple de Ptah Nebseni, Râ lui-même. Râ ordonne cela. Les chefs dorment au temps de les saisir. Ils lui donnent des grains de blé et de doura des pains. Alors dire, au taureau d'Horus : donne au scribe Nebseni, les cinq pains dans le temple. Les trois pains sont au ciel auprès de Râ, les deux pains à terre auprès du paout des dieux. Il élève Nout, il voit Ra (bis) heureusement, le scribe redacteur du temple de Ptah, Nebseni en ce jour heureux. Le scribe Nebseni est maitre de dévotion par l'ordre de Shu et d'Isis. Le scribe Nebseni est réuni à la dilatation de cœur auprès de son dieu. Ils donnent du pain, de la bière au scribe Nebseni. Ils lui font toutes choses bonnes et pures en ce beau jour des choses de l'offrande de conduire les choses désirées de faire les choses. . . entrés tous pour voir dieu. Sois dans l'eau, pénètre dans l'autel de Sashert. Aux quatre côtés ? de l'eau sur l'ordre d'Osiris Nebseni. Il donne Shu ses choses au scribe Nebseni. Ce sont tes vivres et tes boissons. Le messager élevé veille. O Thot, levé, couché, réjoins ceux qui sont dans . . . . Les choses te sont données de la part de Thot. Horus sort du Nil. Le guide des chemins sort d'Asert. Ils purifient la bouche du scribe rédacteur du temple de Ptah Nebseni. Le paout des dieux fortifie la bouche du scribe Nebseni. Elle est pure sa bouche, elle est vraie sa langue qui est dans sa bouche. Le scribe Nebseni déteste les ordures ; il purifie les . . . . comme les purifie Ro-hui. Thot va au ciel. Sauvez le scribe Nebseni avec . . . . Il mange comme vous mangez, il boit comme vous buvez. Il s'assied comme vous vous asseyez là. Vous êtes puissants là. Il navigue comme vous naviguez là, dans la halle, le scribe Nebseni, pêchant dans le champ d'Aaru. Le scribe Nebseni se rafraichit dans le champ Hotep. Il fait des offrandes aux dieux. De l'eau au scribe Nebseni, le vin à Râ. Il circule autour du ciel. Il pénètre comme Thot. Le scribe Nebseni déteste la faim. Il ne mange pas cela. Il déteste la soif. Donne lui des pains, seigneur de l'éternité. Fais son ordre. Il ordonne la conception du scribe Nebseni, la nuit de sa naissance dans les jours de . . . . à la suite de la tête de Dieu. Il vous amène les vivres, il trouve la prunelle de l'œil d'Horus sur la plante ba . . . . le résident de l'Amenti. Il amène les vivres, les offrandes à Horus-Xont. Sa vie là est comme la vie du scribe rédacteur du temple de Ptah Nebseni, très-dévôt. Il boit là. Le scribe rédacteur du temple de Ptah Nebseni, très-dévôt boit là. Il arrive devant Sar. Il s'alimente, véridique est l'Osiris, scribe Nebseni, favori de Anubis, chef de sa montagne, qui dit : entre, scribe Nebseni. Tes paroles sont

. . . . Tu es comme lui sur terre, vivant, te rajeunissant chaque jour. Montre ta face, tu vois le seigneur de sa montagne qui donne des aliments au scribe Nebseni en son heure, sa fois de la nuit. Salut à toi, Horus, qui anéantis les peaux de tes ennemis. Il emporte vers la bouche de l'enfant . . . . scribe Nebseni. Tes ennemis ne sont pas dans Hat-ur. La balance est juste pour ton cas. Elle est grande pour moi. Ce sont les vivres de l'Ament. Il entre à son gré : il voit le dieu grand dans ses actes de création. Il lui est donné la vie à sa narine. Il est véridique contre ses ennemis. Parole : Entre, scribe Nebseni. Tu détestes le mensonge : tu réjouis le seigneur des choses, cette nuit de se taire et de pleurer. Il t'est donné une vie douce par la bouche du paout des dieux. Thot est satisfait de cela. Tu es véridique contre tes ennemis, scribe Nebseni. Nout te protège en veillant? ouvrant le ciel. Elle accorde que tu sois parmi les suivants du dieu grand. Tes ennemis sont anéantis. Elle te sauve de toutes choses mauvaises en son nom de . . . temurt l'image d'Horus est parmi ses enfants, scribe Nebseni. Discours : O chef de cette heure de Ra, fais les routes du scribe Nebseni, très-dévôt. Qu'il entre dans l'intérieur, qu'il tourne autour d'Osiris, seigneur de la vie des deux terres. Vie éternelle au scribe rédacteur du temple de Ptah Nebseni, très-fidèle; beau à la suite de Nefertoum. Qu'il se tourne vers Râ . . . . purifier devant les dieux. Il voit Ra à jamais.

CHAPITRE 56.

Titre : *Chapitre de donner les aliments au scribe rédacteur du temple de Ptah Nebseni, etc.*

Il dit : ô approvisionneurs, ô seigneurs des demeures supérieures, donnant les vivres, donnez-moi des pains, donnez-moi des boissons, purifiez mes pains, en approchant devant Sashert. O ce bateau du champ d'Aalu, conduis-moi vers les pains dans ta course, comme mon père Horus passe dans la barque divine : pour le scribe Nebseni, très-dévôt et beau. Discours du scribe Nebseni, très-dévôt. Il dit : Salut à toi Râ, Toum. Tu es adoré par ceux qui sont parmi les cynocéphales; tu es adoré par les esprits de l'occident. Ils te disent : ta majesté v. s. f. arrive en remontant le courant. Viens en paix, dieu unique, se levant comme les Xous.

CHAPITRE 57.

Titre : *Chapitre de conduire ceux qui sont au ciel.*

O âme sainte qui est comme Xent Ament (Osiris), je suis celui qui est le chef de ses adorateurs, formant les formes. O mânes premières de Râ, ses suivants, ses esprits, trainez-le. Voilà que les dieux toueurs de Ra passent, formés comme les deux dieux Je suis le chef des aliments des dieux du tiaou, qui donnent les aliments aux mânes. Je suis fort, frappant les ennemis d'Osiris. O dieux! Ra! Thot juge mes paroles. Je vais; il étend mon cœur. Je cours, je m'élance comme une momie vers les choses mystérieuses du ciel qui sont à la suite de Râ. Je me repose dans le champ devant Râ. Mes aliments sont à terre dans le champ d'Aarou. Je pénètre par la porte des régions de Mehuit et de Râ. Je suis le bennou mystérieux. Moi, je suis celui qui entre et se repose dans le Tiaou, qui sort et se repose devant le dieu grand. Je suis le bon . . . . Je suis . . . . Je suis celui qui est dans les limites du tiaou. Moi, je suis celui qui repose dans l'intérieur d'Agert. Ma personne est satisfaite des aliments dans l'excellent Ament, devant les dieux. Je suis celui qui ouvre les portes aux dieux, dans leurs demeures. Je suis celui qui est dans son tombeau, le scribe Nebseni, très-dévôt, bon comme Xent-Ament. Je suis le laboureur, gardien des laboureurs sur cette terre (du roi?!) Alors le roi des dieux qui sont dans la divine région inférieure passe. Je suis le gardien de son pylône. Les dieux traineurs trainent. Je repose dans l'heureux Amenti. Conduisez-moi dans les routes de la terre. Ouvrez-moi vos portes. Ouvrez-moi vos verrous. O Ra, le grand des formes passe; fais-moi être comme ceux qui sont parmi les Xous. Je me transforme en celui qui anéantit ce qu'il forme. Ouvrez-moi la route à mon âme. Tenez-vous debout devant moi, à protéger ce que j'ai fait, à adorer le dieu grand. Que je brille, j'adore ce dieu. Quand vous me voyez, si vous m'acclamez, moi, je vais sur terre, accordant qu'il reçoive les aliments devant lui. Ce dieu se lève comme le dieu grand dans ses sorties heureuses avec vous et se lève comme Râ et Osiris, roi de l'éternité. Vous m'établissez : ne me mettez pas à la place des frappés. Je me joins aux directeurs du Tiaou. Accordez-moi que je reçoive mes honneurs que tu produis devant ce dieu. Sauvez-moi, ô vous qui êtes dans le Tiaou. Je pénetre dans l'Amenti heureux. J'établis le sceptre d'Orion. Donne-moi le capuchon de celui dont le nom est caché. Regardez-moi avec joie, selon les ordres de Râ. Moi, je suis sain et sauf sur terre, devant les hommes. Je suis l'héritier de la vérité, le premier des vivants. Les dieux reposants me font ma route. Donnez-moi de recevoir de vous vos offrandes à moi. Vous m'acclamez chaque jour. Vous me louez devant le dieu grand, seigneur de l'Ament. Il est stable le scribe rédacteur du temple de Ptah Nebseni etc. Vous reposez, vous êtes puissants là. Saisissez-moi, soulevez-moi vers Hotepui, et le paout qui est dans l'Ament heureux. Donnez-moi vos bras, je connais les noms divins, conduisez-moi, je repose dans l'heureux Ament. Je m'empare des vivres de ses mains J'entre comme lui. Je sors de tout mal. Je suis pourvu des aliments chaque jour. O Osiris, dieu grand, roi de l'éternité, je suis l'esclave de ton temple. Je suis fort devant le dieu grand. Donne-moi la libation excellente de la table par les mains de ta personne; tu ordonnes de te louer. Sont acclamées, sont exaltées les âmes puissantes. Il y a des louanges excellentes dans les deux cataractes du Tiau pour l'âme de Râ, qui se lève au ciel. Parole : âme, ils t'acclament, ils vont à toi, ils pleurent sur toi. Ton âme est acclamée. Ton corps brille. L'âme de Ra est élevée au ciel. Acclame le reposant qui est comme toi. Il pleure sur toi, celui qui est dans le Tiaou. Les pleureurs pleurent sur toi. Ils frappent pour toi les impies de leurs bras. Certes le grand prince, seigneur de la couronne Urret, dieu grand, dont la demeure est cachée, maître du jugement, chef de ses divins chefs pleure sur toi. Celui qui est dans le Tiaou, seigneur du Tiaou, qui pénètre parmi les (serviteurs) du fils du soleil, sorti de Toum, se lamente sur toi, sur ta face. Celui qui est dans le Tiaou, escalier du ciel, il gouverne la porte du roi. Ton fils Horus se joint à toi : tu lui donnes tes ordres. Il se lève comme le dieu An. Diaut Sebaut le dieu grand amène ses biens. Ils lui offrent l'image d'un seul cœur, connaissant les secrets de ce qui est dans le Tiaou. L'âme sainte de Xent-Ament, être bon, qui existe pour toujours et à jamais se lamente sur toi. Celui qui est dans le Tiau, le fils d'Horus, il se joint à toi. Ra lui donne de se joindre à Osiris. Les dieux de l'Ament se lèvent comme des Xous Ils lui font des offrandes dans toutes ses sorties. Qu'il élargisse ses pas, qu'il entre, qu'il sorte dans le Neterxer, qu'il fasse sa transformation en âme vivante.

Dit par le scribe rédacteur dans les temples du Nord et du Sud, Nebseni, très-dévôt : j'adore Ra dans l'Ament excellent; je donne des louanges à celui qui est dans le Tiaou. Ouvrez les chemins à l'âme parfaite qui est dans le Neter-Xer; donnez-lui de marcher, d'allonger ses pas; le scribe Nebseni, très-dévôt.

CHAPITRE 58.

Titre : *Livre d'instruire le Xou, de faire qu'il entre dans la barque de Râ, pour être avec ceux qui sont à sa suite.*

Je conduis le Bennou vers l'Orient, Osiris vers Tatou. J'ouvre les châsses du Nil. Je foule la route du disque solaire. Je traine Sokar sur son char. Je rends puissante la couronne en son temps. Je chante, j'adore le disque. Je me réunis à ceux qui sont parmi les adorateurs. Je suis celui qui suit son maitre. J'ai fait les aliments d'Isis. Je rends puissants les Xous; je roule les cordes, je repousse les ennemis; je détourne ses pas. Râ me donne mes bras; je ne repousse pas ses nautonniers. L'Udja est fort. Je vis en le suivant et réciproquement. Il est distingué le scribe Nebseni très-fidèle dans la barque de Ra. Il est distingué dans l'œuf et dans Abydos.

CHAPITRE 59.

Tableau : Anubis qui réside à Out étend ses bras avec sollicitude sur la momie du scribe Nebseni étendue sur le lit funèbre.

Discours d'Anubis qui réside à Out et dans le palais divin, qui étend ses deux bras sur la momie du scribe Nebseni etc., qui se transforme dans ses formes : Salut à toi, Noferneb, voyant l'Udja, soulevé par Ptah Sokar, élevé par Anubis, à qui il a été accordé par Shu de s'élever jusqu'au seigneur de l'éternité. Ton œil est à toi, scribe Nebseni, très-dévôt, ton œil droit est dans la barque Sekti, ton œil gauche est dans la barque Maadi. Ton sourcil est dans le bel œil devant le paout des dieux. Ton front est dans les protections d'Anubis. Ta nuque belle à voir est auprès de l'épervier sacré. Tes doigts sont établis comme ceux des scribes devant le seigneur de Shmoun, le dieu Thuti, qui fait la parole du livre sacré. Ton phallus est beau devant Ptah Sokar. Le scribe Nebseni, très-dévôt et beau auprès du grand paout des dieux, voit le dieu grand quand il passe dans ses belles routes. Il t'est offert pains, boissons, bœufs, oies. Il renverse ses ennemis sous lui devant le grand paout des dieux et Hathor, la grande dans An.

CHAPITRE 60.

Titre : *Chapitre du chevet.*

Tableau : Un chevet ▼.

Les chagrins sont éveillés, le scribe Nebseni etc. est couché. Ils veillent, ta tête est tournée vers l'horizon. Tu te lèves. Ta parole est véridique contre ce qui t'est fait. Ptah renverse tes ennemis. Ordre fait pour toi (*Il*) Tu es Horus, fils d'Hathor. La déesse Nesert et Neserti lui (te) donnent la tête après qu'elle a été coupée. Ta tête n'est pas arrachée. Non, vraiment, après cela ta tête n'est pas arrachée, jamais.

CHAPITRE 61.

Titre : *Chapitre de la tête mystérieuse, dit par le scribe rédacteur du temple de Ptah, Nebseni etc.*

Tableau : Une tête.

Il dit : salut à toi, belle tête, maitresse des yeux, soulevée par Ptah Sokar; exaltée par Anubis à qui Shu a accordé de s'élever jusque près de celui qui est parmi les dieux. Ton œil droit est dans la barque Sekti, ton œil gauche est dans la barque Moadit. Ton sourcil est comme celui du paout des dieux, ton front comme celui d'Anubis. Ta nuque comme celle d'Horus, tes doigts comme ceux de Thuti, ta chevelure comme celle de Ptah Sokar. Tu es par devant, enfant du sanctuaire, scribe Nebseni, très-dévôt, beau auprès de son dieu grand, qui regarde en toi, qui va sur les belles routes. Il repousse de toi les compagnons de Set. Renverse pour lui ses ennemis sous lui, près du grand paout des dieux et Hathor, la grande qui réside à An. Tu as pris les bonnes routes, devant Horus, seigneur des ancêtres, scribe Nebseni.

CHAPITRE 62.

Titre : *Chapitre de traîner ceux qui sont au ciel.*

Je suis l'âme sainte dans Xent-Ament. Je suis le maître de ses louanges, le formateur des formes. O Xous de Râ, à la suite de ses âmes, traînez le scribe Nebseni etc. devant Râ et ceux qui sont à sa suite, formé comme les deux dieux. Je suis le seigneur des aliments devant les dieux du Tiaou, qui donnent des vivres aux Xous. Je suis celui qui est puissant contre ses ennemis. O dieux de Râ! jugés par Thot, je vais en élargissant mon cœur (sic) J'étends mes pas comme cette momie mystérieuse des choses du ciel, à la suite de Râ. Je me repose dans le champ de Râ. Mes aliments sont à terre dans le champ d'Aalu J'entre par la porte du pays de Set de Mehuti-Râ. Je suis le phénix mystérieux. Je suis celui qui repose dans le Tiaut, qui sort et repose devant le dieu grand. Je suis la bonne demeure. Je suis les bonnes routes. Je suis celui qui est dans les limites du Tiaou, devant le dieu grand. Je suis celui qui repose dans le pays d'Agert. J'ai fait des offrandes aux âmes qui sont parmi les dieux. Je suis celui qui instruit les dieux dans leur demeure. Je suis celui qui est dans ses richesses, dans l'intérieur du Tiau. Je suis le cultivateur, gardien des plantations qui sont dans cette terre royale! Alors les dieux me conduisent sur les routes excellentes. Je suis le gardien de ses pylônes, devant les dieux traîneurs. Je me repose dans l'Ament excellent. Guidez-moi dans les difficultés de cette terre. Ouvrez-moi vos portes. Ouvrez-moi les verroux. Alors ô Ra, passant je suis haut, dans les transformations. Je me transforme en celui qui anéantit ses formes. Ouvrez la route à mon âme. Voilà que vous restez debout devant moi pour que vous voyez : je me transforme en momie parfaite; j'adore le dieu grand, Osiris, roi de l'éternité. Voyez-moi ; quand vous m'exaltez, je suis le chef devant le dieu grand. Il m'accorde de recevoir (participer?) les fêtes du Tiau. Quand vous me regardez, alors je suis puissant comme un véridique. Donnez-moi que je repose dans la bonne route. Ne me mettez pas à la place d'un autre. Je me joins aux dieux Semudiaut. Accordez-moi d'acquérir l'éclat. Je suis fort comme le chef de ses mystères. Sauvez-moi, dieux qui entrez chez ceux qui sont dans le tiaou. Je traverse l'Ament heureux; j'ai raffermi le sceptre du dieu Orion Donne-moi le capuchon de celui dont le nom est caché; si vous me voyez avec vos pains selon l'ordre de Râ; je suis celui qui est plein; je suis l'héritier excellent. Faites-moi ma route; j'entre parmi les reposants. Placez-moi devant vous. Donnez-moi des louanges. Vivres et offrandes au scribe Nebseni, très-dévôt. Acclamez-moi devant le dieu grand, roi de l'éternité, établissez pour moi vos offrandes: vous êtes puissants là. Saisissez-moi. Levez-moi jusqu'aux dieux reposants. Donnez-moi vos bras et ils savent les bouches (noms) divins des dieux du Tiaou. Conduisez-moi; je repose dans le Tiaou: je suis maitre dans la nuit; j'entre en elle: je sors en véridique devant le dieu grand; je me réunis aux aliments. O Osiris, dieu grand, roi de l'éternité, je suis l'hiérodule de ton temple; je suis dans ton palais. Transmets-moi les aliments et les vivres. Donne-moi d'être parmi les acclamés, comme une âme puissante.(?) Il y a des acclamations dans les abîmes du Tiaou, devant l'âme vivante qui est dans le Tiaou. Leurs vivres sont pour toi, leurs acclamations sont pour toi. Tu pleures. Ton âme est acclamée, ton corps brille; ton âme est élevée dans l'Ament, acclamant les deux reposants là. Alors ils pleurent sur toi. Celui qui est dans le Tiaou pleure sur le divin chef. Ils pleurent sur toi. Ils se lamentent sur toi. Ils frappent pour toi l'impie de leurs bras. Certes le grand chef de la couronne grande, Osiris, roi de l'éternité, dieu grand, dont la demeure est cachée, seigneur du jugement, chef de ses divins chefs, s'attriste pour toi. Celui qui est dans le Tiau, le seigneur du Tiaou, qui pénètre parmi ceux qui sont au ciel, le fils de Râ, sorti de Toum s'émeut pour toi. Celui qui est à la porte de l'escalier du ciel, est chef et roi pour l'éternité. Ton fils Horus se joint à toi. Tu es florissant par lui. Les paroles sont florissantes. Accorde qu'il se lève d'An, porte du Sebu. Le grand dieu amène les choses. Ils lui offrent l'image du dieu unique, connaissant les mystères du Tiaou, âme sainte dans l'Ament, être bon, qui existe pour toujours et à jamais; il s'afflige sur toi. Celui qui est dans le Tiaou, fils d'Horus, se joint à toi. Tu es florissant devant Râ. Il repose là, auprès d'Osiris, qui se lève comme un Xou. Les dieux de l'Ament lui offrent ses pas, d'élargir ses pas, d'entrer et de sortir dans Xerneter, de faire sa transformation en âme vivante auprès du dieu grand. Dit par le scribe rédacteur dans les temples du Nord et du Sud, Nebseni, très-fidèle, excellent, fils du scribe Tena, enfant de la dame Mautresta, véridique; j'adore Râ dans l'Ament heureux, je fais des louanges aux dieux qui sont dans le Tiaou, j'ouvre la route au Xou parfait qui est dans le Xerneter; qu'il lui soit donné de marcher, d'étendre ses pas au scribe Nebseni, très-dévôt.

CHAPITRE 63.

Titre : *Chapitre de l'Udja, dit par le scribe rédacteur dans les temples du Nord et du Sud, Nebseni, très-dévôt et excellent, fils du scribe Tena, enfant de dame Mautresta, véridique.*

Tableau : Un Udja sur une corbeille.

Il dit : Est amené par Thot l'Udja, l'Udja s'unit à lui, après que Râ l'a envoyée. Et elle s'horripile beaucoup. Et Thot se joint à elle à travers sa route pour horripiler(?) mon Udja. Son Udja est mon Udja, son Udja est l'Udja du scribe Nebseni, très-dévôt.

CHAPITRE 64.

Titre : *Chapitre de sortir du jour, d'être maître de ses ennemis par le scribe rédacteur Nebseni.*

Il dit : je m'assieds devant le dieu grand. Le paout des dieux se joint à lui devant lui. Ceux qui sont dans le temple de Xepra mangent les choses devant celui qui est dans Xerneter. Le scribe Nebseni très-dévôt a abondance d'offrandes, d'aliments devant Osiris, dieu grand, roi de l'éternité. O assis sur son cercle du Xent, ton âme est puissante, je m'assieds sur les demeures, devant le dieu grand, Râ, ce chef de l'éternité, Horus, sorti en véridique, dans le temple du dieu Awt. Les dieux sont enveloppés à Shmoun; ils l'enserrent dans l'éternité; alors il est entouré dans l'éternité; je vois le veau de Qa, qui reste dans la peau? (couleur?) Il y a qu'il reste comme gardien du filet. Le veau du dieu Qa est dépouillé. Il y a que, voilà que je sors en forme de Xou vivant, adorant les hommes d'aujourd'hui sur terre. O dieu Sexmer, qui as fait cela pour moi, tu es écrasé dans la demeure de Râ. Donne que je voie Râ, donne que je sorte contre mes ennemis, étant véridique contre eux, devant les divins chefs, devant le grand paout, quand tu repousses ton adversaire, accorde que je sorte contre mes ennemis, celui-là. Tu te tiens debout devant le grand paout des dieux. Le Nil sort au ciel, il vit de la vérité. Je suis le suivant de Râ, sur l'escalier des seigneurs de l'éternité. Accorde que je sorte comme un véridique devant les divins chefs du dieu grand, au jour de repos et auprès du paout des dieux qui sont dans Xerneter.

CHAPITRE 65.

Livre de perfectionner le Xou dans Xerneter devant le grand paout des dieux.

Lève-toi, Râ, qui es dans ta chapelle; tu dévores les verdures, tu manges le vent du Nord; tu manges le poisson Beqs de ton repaire, le jour que tu sens la terre de vérité; les suivants de la barquette et du bateau te conduisent vers Nout et vont, vont les chefs à ta parole. Tes os sont appréciés : tes chairs sont réunies. Tourne ta face vers l'Ament heureux. Je vais en véridique chaque jour. Alors l'image de ce grand d'or avec les compagnons du disque est au ciel avec les trembleurs. Tu circules là renouvelé (bis) comme le soleil chaque jour, ô acclamé à l'horizon, ô toi qui es dans la joie. Les dieux qui sont au ciel, ils voient le scribe préposé aux temples du Sud et du Nord Nebseni très-dévôt dans le temple de Ptah (à Memphis), fils du scribe Tena et de dame Mautresta, véridique.

CHAPITRE 66.

Tableau : Le scribe Nebseni adore Râ dans sa barque.

Donne lui des faveurs, chaque jour, scribe Nebseni, très-dévôt, beau devant son dieu Horus. Horus cherche Ra, juge les offrandes du scribe Nebseni, très-dévôt.

La santé reste dans ce flanc du premier parmi ceux qui sont devant Râ, chaque jour. Il va sur terre dans Xerneter le scribe Nebseni. Il ne se repose pas dans cette terre jamais, heureusement. Vois des yeux, entends des oreilles les vérités (bis), scribe Nebseni, très-dévôt. (Aie l') abondance (bis) à An et vois Râ chaque jour, tu agis comme un suivant de Nout. Il ne dit pas, le scribe dans les temples du Nord et du Sud, Nebseni, très-dévôt ce qu'il a vu, il ne le repète pas. le scribe Nebseni. Il entend dans la demeure des mystères. Louanges, acclamations devant Râ, chaque jour en traversant le Nou et contentement de la personne du dieu par l'amour qu'a pour lui ce scribe Nebseni, seigneur des formes devant l'épervier d'or. Scribe Nebseni, il est à dire sur la barque de Râ, au nom des divins chefs du ciel : Tu te plonges dans les abimes, tu te purifies, tu te laves dans le natron et l'encens. Alors tu fais une image de Râ dans cette barque et une image du scribe rédacteur dans les temples du Nord et du Sud, Nebseni. très-dévôt et beau devant son dieu, adorant Ra, chaque jour. Tu es perfectionné comme tout Xou devant Râ. Accorde qu'il soit maitre des aliments et des offrandes avec tout Xou parfait. Dire en outre cette parole (chose) faite par Horus pour son père Osiris, être bon, vivant éternellement et à jamais, parce que Râ voit ce Xou dans ses membres mêmes. Il voit et est comme le paout des dieux. Sa terreur est grande dans le cœur des Xous et des morts. Son âme vit à jamais. Il n'est pas empoigné dans Xerneter. Il n'est pas repoussé des portes, des pylônes, des châsses, des battants de Xerneter. Il n'est pas trouvé coupable le jour du jugement des paroles. Sa parole est véridique contre ses ennemis. Ses aliments sont sur l'autel de Ra, pendant le cours de chaque jour.

CHAPITRE 67 (64).

Chapitre de sortir du jour dit par le scribe Nebseni, etc

Il dit : Sont faites les transformations de son cœur. Je suis hier, aujourd'hui, demain, celui qui est né une autre fois, les mystères de l'âme des dieux, faisant des offrandes aux habitants du tiaou ; circulant (*l*) au ciel en paix, seigneur aux deux faces voyant ses rayons, le seigneur qui établit les jours, sorti des ténèbres, formé dans la tombe ; ô ces deux éperviers sur leurs angles, écoutant les choses qui y sont attachées, sur le dos. La cuisse de devant est placée sur le cou. la cuisse de derrière sur la tête de l'ouest. Donne-moi la grande dévorante d'Horus ; trouvant que je lance de moi des pleurs ; je vois quand je circule dans le Téna à Abydos ; les deux verrous reposent sur les deux battants sur le coffret. Ton bras est dans l'intérieur de ton habit. Sa face est comme celle d'un chien, flairant et sentant le Ketit (tombe?) Je fais circuler mes jambes comme Anubis et je m'élance pour protéger(?) le flaireur. Moi, je sors en brisant la porte, dit le scribe Nebseni, qui saisit celle qui fait son cœur (sic!) « Je connais les demeures » est mon nom. J'agis selon les facultés des esprits. Ce sont des millions, ce sont des cent mille; qui passent ensemble une à une, la 6me est certes dans la région cachée du Tiau l'heure de renverser les impies. Tu viens en véridique : ceux qui sont à traverser Hadès, je sors comme il sort. Je protège, je charme ses favoris : le sang coule. C'est le glaive qui coupe le vert. J'ouvre les deux cornes du glaive, et repousse les mystères produits là pour repousser ceux qui sont sur leur ventre là. Que l'œil ne dévore pas ses pleurs. Certes Agert est ma prison. Donne-moi la bonne route, que j'aille sans éprouver? de coupure dans Agert (1). Je suis celui qui est dans Rosta; entrant en son nom, sortant pour chercher le seigneur des millions de la terre, auteur de son nom (sa personne) a conçu celle qui dépose son fardeau. La clôture sur la muraille est renversée : c'est un malheur. Le Bennou est renversé sur les fleurs *basu?* il salut les Hai (le peuple, les gens du peuple). Horus fait que son œil éclaire la terre et éclaire sa face. Mon nom est son nom. Il n'y a pas de grandeur au-dessus de moi en ma qualité de dieu lion. Les invocations de Shu sont pour moi. C'est moi qui les complète excellemment. Je vois l'ensevélissement de l'immobile de cœur et celui qui fait cela. L'inondation s'arrête : alors je sors; je suis un seigneur de vie excellent; j'adore Nou. Je sors de la grande demeure d'Osiris. Tes protections sont mes protections contre ceux qui font prospérer le mal. J'embrasse le sycomore, je fais mon asile du sycomore. Le dieu Sexoni ouvre le mur du Tiaou. J'arrive, j'embrasse l'Oudja. Tu adores la fête des Neuf, cadavre d'Augert. J'arrive pour voir celui qui est dans le Mehen, face à face, œil à œil, contenant les vents à ses sorties. Regardez cela à la face du lion enfant qui est dans Udta. Tu es comme moi, je suis comme toi. Tes formes sont mes formes. Je suis l'inondation, grand producteur de l'eau est mon nom, établi devant le dieu grand. J'entre comme celui que j'ignore, je sors comme un Xou, moi le scribe rédacteur dans les temples du Nord

(1) La traduction du passage correspondant du Todtenbuch permet de [illegible] le texte comme suit : C'est Agert que je ferme. Le bon seigneur m'accorde d'entrer. [illegible] se en devorant dans Agert.

et du Sud, Nebseni, très-dévôt et beau, enfant du scribe Tena et de dame Mautresta, véridique. Que sorte au jour, que ne soit pas repoussé le scribe Nebseni, très-dévôt, beau devant son dieu, à son entrée et à sa sortie, qu'il fasse sa transformation en maitre et maitresse du cœur d'un homme contre lui (sic???), qu'il ne s'approche pas du lieu de torture. Dit par l'âme ainsi : qui connait ce chapitre est véridique sur terre et dans Xerneter. Il est alors maitre l'individu qui est sur terre de toutes choses. Ce chapitre a été trouvé dans une fondation qui est dans le dieu Honnu, dieu grand. C'est un beau. . . . . Qui le récite est pur chaque jour.

CHAPITRE 68.

Chapitre de donner des aliments chaque jour au scribe rédacteur dans les temples du Nord et du Sud, Nebseni, très-fidèle devant le dieu grand, maitre d'Abydos et de Memphis.

O approvisionneur de vivres dans Xerneter; ô grands dieux des sanctuaires, chefs qui donnez des vivres au dieu grand qui est dans la grande demeure, donnez-moi des vivres, des boissons. Lavez mes vivres dans le bassin devant Sashert. O cette barque dans le champ d'Aaru, conduis-moi dans les lacs par ta course, comme mon père Horus passe dans la barque divine. Au scribe Nebseni, très-dévot et bon.

CHAPITRE 69.

Chapitre du feu fait dans Xerneter.

Le feu va vers ta personne, Osiris dans l'Ament; le feu va au scribe rédacteur du temple de Ptah Nebseni, très-dévôt. Le chef arrive; la nuit vient après le jour. Le feu va à ta personne Osiris dans l'Ament. Râ arrive se levant à Abydos. Il va, il fait aller l'œil d'Horus qui est grand devant toi, Osiris Nebseni très-dévôt, fils du scribe Tena et de dame Mautresta. Il est dans ta demeure; l'œil d'Horus te protège, Xent-Ament. Ils font leurs protections sur toi. Ils renversent les ennemis : ses ennemis sont renversés, ils n'existent plus. O œil d'Horus, Udja tu rayonnes comme Râ, à l'horizon. Il cache les protections de Set. Ils emportent le roi (?) lui amenant le feu. Sa flamme est sur lui, sur les jambes de l'œil d'Horus, l'Udja. Tu manges les gâteaux sont à ton ventre. Qu'est ce donc? Le feu est à ta personne, Osiris, Osiris dans l'Ament. Entrent les feux près du scribe Nebseni, très-dévôt. O enfans d'Horus; Mesta, Hapi, Diaumautef, Kebsennouf, faites vos protections au scribe Nebseni, très-dévôt, comme l'a fait pour vous Osiris dans l'Ament, qui vit près de ses dieux et de ses ennemis, depuis que la terre brille. Horus s'empare des ennemis d'Osiris, roi de l'éternité. Donnez des salutations à la personne du scribe Nebseni, très-dévôt. L'œil d'Horus te salue, il fait ses protections sur toi, il renverse tes ennemis, tous tant qu'ils sont. Tes ennemis sont renversés : ils n'existent pas. Osiris est dans l'Amenti : la divine offrande lui est donnée par le dieu Num et le dieu . . . . qui est dans Xenensu. Accorde que soit puissante l'âme vivante du scribe rédacteur. dans les temples du Nord et du Sud, Nebseni, très-dévôt, à travers (l'Amenti.) Ne le détourne pas, ne le repousse pas de la porte de l'Amenti. Oh! que le perxerou soit à lui. Oh! que des habits lui soient amenés par la main du seigneur des choses. Oh! que l'œil d'Horus lui amène la terre. Il adore le dieu pour leur puissance. Il est fidèle le scribe Nebseni, très-fidèle, vrai et qui crée son corps devant le dieu grand, grand remorqueur de l'occident; pénètre celui qui est dans . . . . . L'âme s'empare de ses ennemis, il lui est accordé qu'elle soit à la suite des étoiles fixes. Son âme vit à jamais, il ne meurt pas, il . . . . . dans Xerneter. Il n'est pas détruit jamais. Il fait de nombreuses transformations; il entre par les portes et pylônes mystérieux. Il n'est pas repoussé de devant Osiris, roi de l'éternité. Il n'est pas arrêté d'aucune porte de l'Ament. Que soit faite l'illumination du Xou dans Xerneter devant Osiris, dieu grand, qui voit le roi des dieux et des Xous à la suite de Xent-Ament. Il n'y a pas de duplicité contre lui, le jour du jugement des paroles. Il est véridique pour toujours. Rendu vrai par l'âme royale d'Horus, il rend les Xous véridiques. Fut trouvé ce livre dans une enceinte mystérieuse, comme un écrit de dieu lui-même, dans le temple d'Unnut, souveraine d'Unnut, quand on fit l'inspection dans les temples du Nord et du Sud. On l'amena sur un char à sa majesté v. s. f. Vois, c'est un grand charme, établi pour l'éternité.

———

CHAPITRE 70 (64).

Chapitre de sortir au jour dans Xerneter par le scribe rédacteur dans les temples du Nord et du Sud, Nebseni, très-dévôt, beau à Memphis, fils du scribe Tena et de dame Mautresta, la véridique.

Il dit : Je suis hier, aujourd'hui, demain, portes du ciel, pour être enfanté une autre fois, le mystère de l'âme, créatrice des dieux, donnant des aliments aux habitants du Tiau de l'ouest du ciel, la rame de l'Est, le seigneur des deux figures, voyant ses rayons; le seigneur élevé (ou de la résurrection) sortant des ténèbres; dont les transformations ont lieu dans la demeure du tombeau. O éperviers sur leurs angles, écoutant les choses et les mangeant? (Se les assimilant). Les mânes passent vers leurs retraites, remorquant Ra, suivant dans la demeure du ciel, naos du chef qui est sur le naos dressé en murailles de la terre. Lui c'est moi et réciproquement. La couleur ocre(?) est fondue par Ptah dans son fer. Prière à Râ : ton cœur se réjouit de ta bonne justification de ce jour, ton entrée à Sumoun et ta sortie à l'orient. Appel des héritiers, appel à ceux qui sont devant le dieu : j'ai rendu agréables tes routes, j'ai élargi tes chemins, j'ai traversé la terre dans la largeur du ciel. Brille sur moi, âme inconnue. Je m'approche du dieu dont les paroles sont entendues par mes oreilles dans le Tiaou. Aucune souillure de ma mère n'est sur moi. Sauve-moi, protège moi contre celui qui ferme ses paupières : la nuit, restaurant ce qui est détruit dans la nuit. Je suis l'inondation. Grand producteur de l'eau est mon nom, m'emparant du dos enveloppé de son habit. O ce chef sans son bassin appelle ceux qui sont dans leurs couvertures(?); l'heure de trainer dieu, parle avec le chef de son inondation. La cuisse de devant est placée sur le cou, la cuisse de derrière sur la tête de l'Amenti. Me sont livrés ceux qui sont parmi les deux grands. Je ne lance pas de moi des pleurs. Je ne suis pas vu circulant à la fête du premier et du dernier quartier de lune à Abydos. Les verroux reposent sur les battants. Vos images sont munies de ton bras dans ton linge Xen. Ta face est comme celle d'un chien, flairant dans la chapelle. Je fais mouvoir mes pieds et Agaou s'élance pour protéger la demeure du flairens de Tanent, des deux lions. Je suis sain et sauf; moi, je sors en brisant la porte. « Illumination faite à son cœur. » « Je connais les profonds dans eux » est mon nom. J'agis suivant les facultés des mânes. Ce sont quatre millions, six centaines de mille sur son grand autel, en fait de choses, derrière leurs choses; circulent les heures le jour d'ajuster les épaules de la constellation Sahou. Les douze passent ensemble en se présentant une à une jusqu'à l'heure de renverser les impies. Celui qui arrive là en véridique, c'est celui qui est à traverser le tiau. C'est celui-là et Shu ordonne que je me lève en seigneur de la vie, vrai et radieux en ce jour. Le sang coule; les massacrés récemment tombent à terre. J'ouvre les deux cornes qui sont réunies; et les mystères sont repoussés loin de moi, créé comme un repousseur de ceux qui sont sur leur ventre. Je vais en messager du seigneur des seigneurs, en conseiller d'Osiris. Que l'œil ne dévore pas ses pleurs. Je suis le coureur (?) de la demeure au milieu de ses tas. Je vais de Sexem à An, pour connaitre le Bennou et les choses du tiaou. O demeure mystérieuse qui est à An, produisant les transformations comme Xepra. Accorde que sorte le scribe Nebseni etc. Il voit le disque. Il se réjouit devant le dieu grand, Shu qui est dans l'éternité. Je suis en paix, je vais vers les piliers; j'adore et je loue Râ en éclairant la terre. Je vole, je vois les souillures (?) des Xous devant Râ chaque jour. Faisant vivre tous les vivants il s'élève sur les bases de la terre. Je marche sur elle. Je fais mouvoir les ombres des mânes à terre On me prépare une bonne route vers le Tiaou des récompensés. On le fait, parce que là le défaillant (ou pour celui qui là défaille) se réunit à qui est purifié; qui donc dévore dans son Amenti (???) Je suis dans Rosta; j'entre en son nom, je sors comme celui qui cherche le maitre des millions de la terre est son nom. M'a conçu celle qui dépose son fardeau et se retourne aussitôt (?) Est renversée la clôture sur la muraille retournée (elle aussi). Que je sois content. Horus fait son œil éclairer sa face et éclairer la terre. Il n'y a pas de grandeur sur moi (ou je ne crache pas) étant comme les dieux lions, des palmes de Shu là (ou les invocations de Shu là) moi je les complète excellemment, voyant l'ensevelissement le jour beau de l'immobile de cœur, qui fait s'arrêter. Moi, je sors au jour chaque jour, vivant par devant Osiris. La protection de tes choses subsiste chaque jour, scribe rédacteur du temple de Ptah, enfant du sanctuaire Nebseni. J'embrasse le sycomore, je me réunis au sycomore, (j'ouvre le mur du Tiaou, j'arrive) j'embrasse l'Udja, je fais qu'il repose à sa place. Je vais pour voir Râ dans ses repos. Je me joins aux souffles quand il sort. Mes deux bras sont purs, je l'adore. Je rapproche (bis). Je vole, je plane à terre. Mon œil est ouvert là. J'arrive. Je suis né hier, me transformant en serpents Akeru de la terre, qui m'enveloppent en mon heure. Je cache (ou j'adore) le dieu combattant. Ils viennent derrière moi, mes chairs prospèrent, mes charmes protègent mes chairs. Au moment de s'arrêter pour converser, le cycle des dieux écoute ma parole. O lion . . . . qui va sur terre et dans Xerneter, faisant ses transformations, ses formes sont mes formes . . . . . grand de Dieu. Ce chapitre fut trouvé à Shmoum, écrit sur une tablette d'argile jaune, écrit en lapis, placé sous les pieds de ce dieu.

CHAPITRE 71.

Titre: *Chapitre de repousser les coupures faites dans Xerneter dit par le scribe Nebseni, etc.*

Il dit : O Toum, protège-moi devant les deux lions, dieu grand. Qu'il m'ouvre la porte de Seb. Je me prosterne devant le dieu grand, qui est dans Xerneter. Je pénètre devant le paout des dieux qui sont dans l'Ament. O gardien de cette pierre de Ba, abeille (?) qui est dans l'Ament, je mange, je vis des souffles, je conduis celui qui est dans l'œil d'Horus, vers la grande barque de Xepra. Je parle aux nautonniers qui sont dans la nuit. J'entre, je sors, je vois ce qui est là. Je le lève. Je lui dit mes paroles. Mon gosier chante (?) Je vis. Je suis sauvé et puis couché. O ameneur des offrandes ! ouvre sa bouche, établis les écrits d'offrandes, établis les offrandes à leur place, place le bâton Ames, place les déesses (ou couronnes ?) devant Osiris, dieu grand, roi de l'éternité, qui juge ses époques, écoute les iles (sic ?); tendant son bras droit; qu'il guide le chef, qu'il envoie le grand divin chef dans Xerneter.

CHAPITRE 72.

Titre: *Chapitre de sortir, de marcher, hier, de marcher au jour, de demander pour lui cela pour ses membres dit par le scribe Nebseni, etc., beau parmi les favoris de son dieu.*

Il dit: (je suis né?) hier; j'arrive aujourdhui, je sors comme mes créatures, je suis celui qui enroule (ou tourmente??) je sors de son aat, je suis l'adorateur (bis) sorti dans sa puissance, je suis devant le seigneur de la couronne Urret. Je suis subtil. Mes paroles sont établies devant le seigneur de la couronne rouge. Je salue son œil et l'œil d'elle (?) Je vis hier, je me lève aujourdhui. Je fais . . . . au gardien des deux portes, à ce grand chef sorti du jour, contre mon ennemi; je suis maître de lui, je (m'empare) de lui. Donne qu'il ne s'échappe pas de ma main. Qu'il soit placé sous moi devant les divins chefs de Xerneter. Il m'est donné, l'arbre Aat, de la grande dame de l'ombre, maîtresse des dieux vivants. J'ai fait (ma bonne) route. Que mon ennemi me soit amené. Qu'on m'accorde qu'il ne soit pas sauvé de ma main, qu'il soit sous mes pieds et devant les divins chefs d'Osiris en sa fête. Voilà les habitants de l'Ament au nom des têtes (ou des chefs.) Je suis devant le seigneur de la couronne rouge, le jour des transformations. Je suis le maitre des glaives. Je n'ai pas été violent dans ma halle. Mes Aat sont comme mes palmes. Les choses que je désire sont amenées. Je sors au jour devant mes ennemis. Lui, il m'est amené, je suis maitre de lui; il n'est pas sauvé de ma main. Il est sous mes pieds devant les divins chef de Taser, le maitre des âmes, seigneur des terreurs. Je repose dans le champ d'Aalou, par l'ordre des seigneurs de Xerseka. Mon corps est grand devant le seigneur des terreurs. Je suis fort, je repose dans les bassins du champ d'Aarou. Ra est adoré, le dieu grand est loué par le scribe rédacteur Nebseni, très-dévôt. Il dit: salut à toi, ce dieu sacré, je vais à toi, j'adore ta splendeur. Tes dieux m'exaltent. Je me joins aux offrandes. Tu donnes les aliments du champ d'Aarou au scribe Nebseni, très fidèle et beau, fils du scribe Tena, véridique.

Un tableau au-dessous de cette dernière invocation, représente le scribe Nebseni en adoration.

CHAPITRE 73.

Titre : *Chapitre de naviguer dans la barque de Râ.*

Voilà que l'astre se lève à Xer-Seka. Le dieu est enfanté, son glaive est aiguisé,son poignard est affilé(?) moi, je suis sain et sauf auprès des dieux. Je me sauve dans la barque qui est là de Xaro-api-f, je sors au ciel, j'y navigue vers Nout, j'y navigue avec Râ, je navigue comme le singe, rebroussant les routes dans cette navigation vers Nout, vers la porte de Sebega.

CHAPITRE 74.

Tableau : Une barque portant un Oudja à sa proue et à sa poupe, contenant un buste d'Horus couronné du soleil et naviguant sur le ciel étoilé.

Titre : *Chapitre de* . . . . . .

Ici vient une lacune de sept lignes, où l'on ne distingue que quelques mots: ensuite le texte continue ainsi : cette flamme brillante derrière Râ; réunie derrière lui; la crainte de l'orage envahit la barque. Vous brillez, vous êtes saints. Je viens ici avec le dieu Sekhir dans son cercle saint. Je vois conduire l'offrande des lions. Il y a des branches et des plantes *Aau;* je regarde là; nous acclamons. Leurs grands (ou chefs) sont en acclamations, leurs petits sont splendides. J'ai fait route à la proue de la barque; je me suis levé dans son disque. Je brille comme un illuminé (aau), muni de ses choses, protégé comme un seigneur de vérité . . . . . paout des dieux, colombe d'Osiris; faites que rende témoignage pour lui le père, seigneur de ceux qui sont là. Je juge . . . . Je lui amène. Lui c'est Net (?) il vit, cours, viens (bis). Dire : alors il est juste et vrai, maitre des hommes . . . . à ses heures. Accordez-moi que j'aille. Je lui amène les deux narines (?) de Rosta. Je lui amène les dos qui sont à An. Je réunis à lui ses richesses. Je repousse de lui (ses ennemis?) je lui . . . . j'ouvre les routes, je rends accessibles les chemins. Je suis Horus parmi les dieux. Viens là près du dieu . . . . . image . . . . . Il est le feu, la flamme, le brasier que les pères et les fils m'ont fait Que j'entre à l'horizon, que je pénètre à côté d'Horus, je juge celui qui est dans sa barque. Je suis les courtisans. Que le feu soit derrière le seigneur des chevelures sur les serpents. Qu'il donne les choses, qu'il donne-d'entrer (?) Je suis le dieu Usor, seigneur des forts. Je suis la lune et le soleil, seigneur unique, enfant de Oudjait. Mettez-moi parmi les suivants de Râ. Mettez-moi comme celui qui tourne dans le champ Hotep de Râ. Le dieu grand est à toi. Que je sois apprécié devant le paout des dieux. Que l'on me donne les vivres.

CHAPITRE 75 (149).

Il se compose d'une série de paragraphes contenant chacun une invocation à une localité différente. Au-dessus du texte se trouvent des vignettes représentant sans doute les dites localités. Malheureusement il est impossible de s'expliquer comment le scribe a entendu cette représentation. Ainsi au-dessus de l'invocation au champ d'Aalu se trouve une vignette représentant une montagne; au-dessus de celle à la demeure des mânes s'en trouve une représentant une sorte d'enceinte en forme de fer à cheval avec la légende : « demeure des mânes » etc. Aussi ai-je jugé inutile de décrire ces vignettes, je ne donne que la traduction du texte.

1° Dit par Nebseni, etc., ô première demeure, on vit en elle du sens (gâteaux funéraires) sur des fleurs *seru*. On y revêt des vêtements . . . . je repousse l'image (sacrée?) d'Horus, qui est parmi vous. Il enveloppe mes os, il raffermit mes chairs. Il m'amène toute joie de cœur; il forme mes os comme il affermit la la couronne *urret*; j'ai affermi ma tête. O dieu Nehbka! affermis le gosier. Tu es chef devant les dieux, Xem constructeur.

2° Dit par le fidèle Nebseni : je suis le seigneur des choses dans le champ d'Aalu. O champ d'Aalou dont l'enceinte est en fer; où le blé a 7 coudées, 2 pour l'épi, 5 pour la tige. où des mânes de 7 coudées de haut le moissonnent auprès d'Harmaxis! Je connais la porte du champ d'Aalou, (où) sort Râ à l'est du ciel, sa partie sud est dans le bassin des oies *Xar*, sa partie Nord dans le bassin des oies *ro*, endroit ou Râ navigue à la voile avec les nautonniers. Je suis le chef des ordres (?) dans la barque divine. Je suis le navigateur de la barque qui ne se repose pas, dans la barque de Râ.

Je connais ce sycomore de *mafek*, où apparait Râ marchant pour faire rayonner Shou à la porte de l'est. Je connais ce champ d'Aarou de Râ, où le blé est haut de 7 coudées, les épis ayant 2 coudées et la tige 3; la doura a 7 coudées. Des Xous de 9 coudéés le largeur sont en train de moissonner auprès des esprits de l'Est.

3° Nebseni dit : O cette demeure des mânes que nul ne parcourt et qui impose le silence aux mânes! Elle est en feu, en incandescence de flamme. C'est la demeure des mânes. Vos faces sous elle. Disposez vos routes, nettoyez vos demeures. C'est l'ordre fait pour vous par Osiris éternel. Je suis la couronne rouge au front des Xous, qui fait vivre la terre, les hommes par la flamme de sa bouche et sauve Râ d'Apap.

4° Nebseni dit : ô localité mystérieuse. O cette montagne très-haute de la divine région inférieure, sur laquelle repose le ciel qui a 300 perches en longueur et 10 en largeur. En elle est le serpent Sati qui coupe le . . . . qui a 70 coudées d'étendue et qui vit de l'égorgement des mânes et des morts dans la divine région inférieure. Je me tiens dans ton enceinte, vraiment; je navigue, je vois ta route; je suis uni; je suis le mâle, enveloppant ta tête; je suis sain, je suis le maitre des charmes. Donne moi tes yeux; je brille par eux. Celui qui va sur le ventre t'atteint à la montagne. Protège-moi : je vais à lui. Ta force est avec moi, j'élève la force je vais, j'enlève Akeru. Râ va à moi le soir; je parcours le ciel. Tu n'es pas dans ta vallée. Ton ordre est devant.

5° Nebseni dit : ô cette demeure de mânes où nul ne passe. Les mânes qui y sont ont des cuisses de 6 coudées; ils vivent des ombres des immobilisés. O cette demeure des mânes, ouvrez-moi vos chemins, que je passe au-dessus de vous en me dirigeant vers le bon Amenti. C'est ce qu'ordonne Osiris à tout mort ou Xou. Je vis comme les Xous; je célèbre la fête du mois et la fête du 15. Je fais circuler l'œil d'Horus, ministre comme Thot, tout dieu, tout mort est un dévorant contre mes ennemis, le jour de renverser au billot qui est à terre.

6° Nebseni dit : ô cet ammah saint pour les dieux, mystère pour les mânes, malheur pour les dieux qui y sont; « renverseur de son poisson *ad* » est son nom. Salut à toi, ô cet Ammah. Je viens pour voir les dieux qui y sont. Montrez vos faces, dépouillez vos habits, sans empêcher que j'aille. J'arrive pour faire partie de vous. Que le renverseur de son *ad* ne s'empare pas de moi. Que les dieux Khai ne viennent pas derrière moi. Que les Tsai n'aillent pas derrière moi. Je vis en paix avec vous.

7° Nebseni dit : ô cette ville Ass, c'est le chef voyant sa flamme en feu. Il y a là un serpent ayant nom Reruk, qui a neuf coudées pour la largeur de son dos ; les mânes sont (anéantis?) avec leur vertu magique. Arrière Resuk qui est à Ass ; qui mord de sa bouche et pleure de ses yeux, tes dents sont affaiblies ; ton venin ne vient pas à moi. Ne lance pas ton venin contre moi, renversé. Inoffensif est ton poison en cette contrée. Tes deux lèvres sont retournées, renversée est sa personne par Shetj. Protège-moi. Le lynx a coupé sa tête.

8° Nebseni dit : ô celui qui vient en paix, le très-grand du domaine liquide ; nul n'est maître de son eau ; là est sa crainte, ton mugissement n'est pas haut ; « le dieu haut » est son nom. Il est celui qui la garde pour qu'on ne s'approche pas d'elle. Je suis celui qui surgit en haut de sa cuisse, sans qu'elle crie. J'apporte les choses de la terre à Toum, cela pour la prosternation des ouvriers. J'ai la vénération des maîtres du sanctuaire et je donne la terreur aux maîtres des choses. Je ne suis pas emporté vers le lieu de l'immolation, mon âme n'est pas détruite. Ce que j'aime subsiste. Je traverse l'horizon du nord.

9° Nebseni dit : ô localité Aken cachée aux dieux et que redoutent les mânes qui ne connaissent pas son nom. Nul n'en sort, nul n'y entre, excepté ce dieu sacré reposant qui donne la terreur aux dieux, la crainte aux morts ; elle s'ouvre dans la flamme. Son souffle anéantit les grands dans les narines ; . . . . . qu'il voit ceux qui vont à sa suite, dans le désir de ne pas laisser respirer les souffles, si ce n'est à ce dieu grand qui y est dans son œuf ; il a fait cela pour être là, pour ne pas . . . . là, à l'exception de Râ, grande forme. Salut à toi, ce dieu sacré, qui est dans son œuf. J'arrive à toi ; pour être à ta suite. Je sors, j'entre dans Aken. Ses portes me sont ouvertes, j'y respire les souffles ; j'y suis maître des aliments.

10° Nebseni dit : ô cette demeure des bras qui enlèvent les mânes et qui s'emparent des ombres, dévorant le vert et proférant des outrages sur ce que voient leurs yeux. Aucun d'eux ne reste à terre. Ceux qui sont dans leurs localités, sont placés avec vous sur leur ventre, pour que je passe vers vous. Qu'on ne prenne pas mon Xou, qu'on ne s'empare pas de mon ombre. Je suis vrai. On a coupé pour moi le parfum Anti. On m'a brûlé de l'encens. J'ai été embaumé (dans mes linges?) Isis est mon front, Nephthys mon occiput. On m'a préparé la route du serpent Naû, taureau de Nout, Nehbka, je vais près de vous, ô ces dieux, sauvez-moi, faites-moi briller, d'un éclat éternel.

11° Nebseni dit : ô cette demeure de la divine région inférieure, dont le flanc s'empare des mânes. Nul ne sort ni n'entre par elle, à cause de la crainte du mal qui est en elle. Dieu regarde ce qui est devant. Elle voit les morts qui sont en lui et qu'il taille en pièces (?) à l'exception de ce dieu qui est en elle. Et ses mystères sont pour les mânes de Adu. (Maitresse?) dans Xerneter, fais que je marche. Je suis le seigneur des charmes, glaive issu de Set. Mes jambes sont à moi éternellement. Je suis fort par cet œil. Mon cœur se relève après l'affaissement. Brillant au ciel, puissant sur terre, je vole comme Horus, je glousse comme l'oie Smen. Il m'est donné de me poser sur le territoire du lac. Je suis maitre sur lui, je m'y assieds ; je mange les aliments du champ Hotep ; j'entre dans le domaine de la barque Sek, la porte de vérité m'est ouverte. J'y pénètre. (J'ai des vivres et des libations?) Je dispose du sceptre Maqt pour voir les dieux. Je suis devant eux. Je m'unis aux aliments devant eux. Ma voix est le renouvellement de celle de Sothis.

12° Nebseni dit : (ô cette demeure de l'heure) dans Rosta, flamme brûlante où ne parviennent pas les dieux, (ou ne se réunissent pas) les mânes, car il s'y trouve des uræus pour l'anéantissement de leurs âmes. O cette demeure de l'heure, je suis comme un chef des mânes, parmi les morts. Je suis parmi les astres qui ne voyagent pas. Mon nom n'est pas détruit. Le dieu Set va à eux. Dieux qui êtes dans la demeure de l'heure : je suis avec vous, je vis avec vous. Dieux de la demeure de l'heure, aimez-moi plus que vos dieux. Je suis avec vous pour jamais, devant les suivants du dieu grand.

13° Nebseni dit : ô cette demeure de l'eau dont les mânes ne sont point maitres. [Son eau est du feu, son courant] est de la flamme. Elle est en feu, flamme et incandescence, afin qu'on ne s'abreuve pas de son eau et que ceux qui y sont n'y étanchent pas leur soif pour accroitre sa grande crainte et sa terreur. [Les dieux, les mânes, les morts voient] son eau en route, et ils n'apaisent pas leur soif, [et ils ne satisfont pas leur cœur] pour qu'on ne s'approche pas d'elle. Le fleuve est rempli de roseaux comme l'eau qui est l'écoulement issu d'Osiris. Je m'empare de l'eau, je me rassasie du fluide, comme ce dieu qui est dans la demeure de son eau, qui la garde. Les dieux craignent de boire de cette eau en l'écartant des mânes. Salut à toi, ce dieu de la demeure de l'eau. J'arrive à toi; donne que je sois maitre de son eau, que je boive dans le bassin comme ce dieu grand le fait pour toi. Il va à lui le Nil, qui crée les herbes, et fait pousser les pousses, et fait verdir les herbes. Donnez aux dieux les choses sorties de lui. Fais que le Nil vienne à moi et que je sois en possession des prairies. Je crée ton corps pour toujours.

14° Nebseni dit : ô cette demeure de Xer-Seka, que rencontre le Nil au-dessus de Tatou, fais qu'aille le Nil, mesuré à ses passages. Que ma bouche mange les divines offrandes faites aux dieux, le perxerou des mânes. Il y a là un serpent dans le gouffre d'Eléphantine, à l'embouchure du Nil. Il va avec le Nil, il se tient sur ce territoire de Xer-Seka, contre les divins chefs sur le bassin. Il voit à son heure de silence la nuit. O dieux qui êtes dans l'eau de Xera Seka, ô divins chefs sur le bassin, ouvrez-moi vos bassins, ouvrez-moi vos lacs. Je suis maitre de l'eau, je repose dans le Nui. Je mange les blés, je m'assimile les aliments; grand ressuscité, mon cœur est l'image du dieu qui est dans Xera-Seka. Les offrandes sont faites, je m'abime dans l'écoulement issu d'Osiris, je ne le dépouille pas.

A la suite du texte vient un tableau représentant les plans des différentes localités en question; quelques-uns pareils à ceux déjà représentés au-dessus du texte, mais d'autres en différant plus ou moins. On y voit en outre quatre serpents et une vipère. Dans les plans des diverses localités se trouvent des légendes dans le genre de celles-ci : « Demeure des Xous », « champ d'Aalu, le dieu qui y est est Râ », « Aad, le dieu qui y est est Sothis » etc.

Ce tableau faisait partie du chapitre précédent.

CHAPITRE 76 (125).

Paroles à l'arrivée dans la grande salle de vérité pour séparer le scribe Nebseni très fidèle, fils du scribe Tena et de dame Mautresta de tout les péchés qu'il a faits, pour voir le dieu seigneur des êtres. Salut, dieu grand, seigneur de vérité et de justice; je vais à toi mon maître, je suis amené; je vois tes splendeurs; je te connais, je connais le nom des 42 dieux qui sont avec toi dans la salle de vérité et de justice, vivant des débris des méchants, et avalant leur sang, ce jour du jugement des paroles devant Ounnofer. O âme double, aimant la vérité est ton nom. Certes, je vais à toi. Je t'amène la vérité, je détruis pour toi le mal; je n'ai pas fait de mal aux hommes; je n'ai pas fait de mal aux veaux? (sic) je n'ai pas fait de vilenies dans la maison de vérité. Je n'ai pas eu d'accointance avec le mal; je n'ai pas fait chose mauvaise. Je n'ai pas fait comme chef, aucun jour travailler au-dessus (de la tache). Il a été fait pour moi que mon nom parvienne à la barque de la suprématie. Je n'ai pas péché contre dieu. Je n'ai pas accablé le malheureux; je n'ai pas fait ce que déteste le dieu; je n'ai point fait maltraiter l'esclave par son maitre; je n'ai pas rendu malade; je n'ai pas fait pleurer; je n'ai pas tué; je n'ai point ordonné de tuer; je n'ai pas fait de chagrin à personne; je n'ai pas pillé les aliments des temples; je n'ai pas diminué les substances consacrées aux dieux; je n'ai pas arraché les aliments des mânes; je n'ai pas forniqué; je ne me suis pas pollué; je n'ai pas déposé; je n'ai pas enlevé des objets utiles; je n'ai pas pillé dans la paume; je n'ai fait de péché dans les champs; je n'ai pas pesé sur les poids de la balance; je n'ai pas diminué quant au poids de la balance; je n'ai pas enlevé le lait de la bouche des nourrissons; je n'ai pas enlevé les bestiaux sur leurs prairies; je n'ai pas pris au filet les oiseaux (d'or) des dieux; je n'ai pas pêché les poissons à l'état des cadavres; je n'ai pas repoussé l'eau en son temps; je n'ai pas coupé un canal de l'eau courante; je n'ai pas éteint la flamme en son temps; je n'ai pas fraudé les dieux de leurs offrandes de choix; je n'ai pas repoussé les bœufs des propriétés divines; je n'ai pas repousse le dieu à ses sorties; je suis pur, quatre fois; je suis pur de la pureté de ce grand Bennou qui est à Xenensou, car je suis le nez du maitre des souffles qui fait vivre tous les vivants le jour de remplir l'oudja à An. Il n'y a pas de mal contre moi sur cette terre, dans la salle de vérité, puisque je connais le nom des dieux qui y sont les suivants du dieu grand.

Ici vient un tableau représentant Osiris et 42 assesseurs avec le texte suivant :

Invocation aux 42 assesseurs d'Osiris.

O enjambeur sorti d'An, je n'ai pas fait le mal.

O celui qui embrasse la flamme sorti de Xeraseka, je n'ai pas été violent.

O narine sortie d'Hermopolis, je n'ai pas causé de tourment de cœur.

O mangeur d'ombres, sorti des cataractes, je n'ai pas volé.

O salissant les membres (?) sorti de Rosta, je n'ai pas tué d'homme.

O double lion sorti du ciel, je n'ai pas diminué les offrandes.

O les yeux sur la pierre à aiguiser, sortis de Sexem, je n'ai pas causé de dommage.

O flamme sortie à reculons, je n'ai pas volé les choses de dieu.

O celui qui s'empare des os, sorti d'Héracléopolis, je n'ai pas dit de mensonge.

O herbe enflammée sortie de Memphis, je n'ai pas pris les aliments.

O cataracte sortie de l'Ouest, je n'ai pas forniqué.

O dent blanche sortie de la frontière, je n'ai pas transgressé.

O mangeur de sang, sorti du lieu d'immolation, je n'ai pas tué le bétail de dieu.

O mangeur des cœurs, sorti de la demeure des trente, je n'ai pas fait de perfidie.

O seigneur de vérité, sorti de la région de la vérité, je n'ai pas endommagé les champs.

O reculeur sorti de Bubastis, je n'ai pas été accusateur.

O . . . . sorti de An. je n'ai pas fait marcher ma bouche.

O doublement méchant, sorti de A . . . je ne me suis irrité qu'à propos.

O double vipère sortie du lieu de supplice, je n'ai pas eu commerce avec femme mariée.

O contemplateur de ce qui est amené dans la demeure de Xem, je ne me suis pas pollué.

O chef des chefs sorti d'Heracléopolis (?) je n'ai pas causé de terreur.

O ignorant sorti de Xerouou, je n'ai pas transgressé.

O directeur des paroles, sorti de la grande demeure, je n'ai pas incendié.

O enfant sorti de Haqeh, je n'ai pas été sourd aux paroles de vérité.

O grand de la parole, sorti de Ouns, je n'ai pas commis de violence.

O Baat sorti de l'endroit mystérieux, je n'ai pas fait pleurer(?)

O celui qui a le visage par derrière, sorti des ténèbres, de la chasse T'at (ou de passage) je n'ai pas masturbé, ni forniqué, ni souillé.

O feu de l'autel,(des jambes?) sorti des ténèbres, je n'ai pas été dissimulé (litt. mangé mon cœur).

O obscurité sortie de l'obscurité, je n'ai pas conjuré.

O celui qui amène son repos, sorti de Sais, je n'ai pas été violent.

O seigneur des faces, sorti de T'at, je n'ai pas précipité mon jugement.

O renverseur sorti de Udent, je n'ai pas entamé la peau des bestiaux (?) de dieu.

O maitre de la double corne, sorti de Sais, je n'ai pas multiplié les paroles en parlant.

O Nefertoum sorti de Memphis; je n'ai pas blessé, je n'ai pas fait de mal.

O Toum au moment, sorti de Mendès, je n'ai pas fait de maléfice.

O celui qui agit selon son cœur, sorti de Sahou, je n'ai pas souillé l'eau.

O prêtre sorti de l'abime céleste, je n'ai pas commis d'exagération de paroles.

O celui qui donne des ordres aux vivants, sorti de sa demeure, je n'ai pas conjuré dieu.

O celui qui associe les splendeurs sorti de Ua (?) je n'ai pas détruit.

O Nehebqa, sorti de sa ville; je n'ai pas eu de préférence.

O serpent Sertop sorti de sa demeure, je n'ai pas agrandi mes biens.

O serpent Anaf sorti d'Auger, je n'ai pas méprisé dieu dans ma ville.

Le scribe Nebseni dit : Salut à vous, ces dieux, je vous connais, je connais vos noms; je ne suis pas renversé par vos massacres; je ne fais pas monter le mal près de ce dieu a la suite duquel vous êtes; ma duplicité ne va pas à vous; dites la vérité pour moi devant le dieu « au-dessus de tout, » car j'ai fait la vérité en Egypte, je n'ai pas conjuré dieu, ma duplicité n'est pas allée. Salut à vous, dieux qui êtes dans votre salle de vérité. Le mal n'est pas dans votre sein. Vous vivez de vérité à An, vous mangez vos nourritures devant Horus dans son disque. Délivrez-moi du dieu Babi qui vit des entrailles des grands, le jour du jugement. Donnez-moi que j'aille près de vous. Je n'ai pas de mal, je n'ai pas de péché en moi, pas de souillure; je n'ai pas témoigné, je n'ai rien fait contre lui. Je vis de la vérité, je mange la vérité; je désire que ce que j'ai fait les hommes le proclament, les dieux s'en réjouissent. Je me suis concilié dieu par mon amour. J'ai donné à manger à ceux qui avaient faim, à boire à ceux qui avaient soif, des habits à ceux qui étaient nus, une barque à celui qui en manquait. J'ai fait des divines offrandes aux dieux, le perxerou (offrande funéraire) aux mânes. Sauvez-moi, protégez-moi, ne parlez pas contre moi, devant le dieu grand. Je suis pur de bouche, pur de bras. Il lui est dit : Viens (bis), par celui qui voit, car j'ai entendu ce discours dit par l'âne au chat dans la demeure de Hadur; je suis jugé devant lui. Nous sommes les . . . de dieu ; je vois la coupure des perséas dans l'intérieur de Rosta ; je suis l'image qui est devant les dieux, connaissant les choses de leurs ventres; je vais vers le ciel pour confesser la vérité. Il fait que la balance est en équilibre au sein des plantes *gaau*. O l'élevé sur son pavois, seigneur des coiffures Atef, qui fait son nom en maître des souffles, sauve-moi de la main de tes émissaires, . . . lançant la flamme, tablette d'écrivain mauvaise, faisant être les cœurs de ceux qui sont privés de voiles sur leur face; parce que j'ai fait la vérité, seigneur de vérité, je suis pur, mon cœur est pur, ma partie postérieure est pur, mon cœur est dans le bassin de justice, il n'y pas de membre en moi qui soit privé de purification dans le lac du Sud. Je repose dans Hemt, nord du champ des sauterelles où les dieux se purifient à l'heure de la nuit d'écrire le cœur des dieux qui sont à ma suite passant de la nuit au jour. Qu'il passe. Ils me disent : qui donc es-tu? Ils me disent : quel est ton nom. Je suis « Croissant sous les fleurs du figuier » : c'est mon nom. Passe, me disent-ils. J'ai passé par la ville au nord du figuier. Qu'y as-tu vu? Cette jambe avec la cuisse. Quoi, te disent-ils? J'ai vu les appels dans son eau des déshabillés. Que t'ont-ils donné? Le feu de la flamme avec le Spath et le Tahen. Qu'en as-tu fait? Je l'ai (déposé?) sur la rive du bassin de vérité dans les choses de la nuit. Que trouves-tu là sur la rive du bassin de Mati? Le sceptre de pierre dure dont le nom est qui fait agir les souffles (ou qui donne souffles). Qu'as-tu fait de la flamme (et du Spath?) et du Tahen après l'ensevelissement? Donne cela. Je pleure sur elle (?) Je la sauve (?) J'ai éteint la flamme. J'ai pris le Spath vert pour créer un bassin. Viens et entre par cette porte de la salle de vérité. Tu nous connais. Je ne te laisserai pas entrer près de moi, dit le verrou de la porte, si tu ne me dis pas mon nom. Poids de vérité est ton nom. Je ne te laisserai pas passer près de moi, dit le panneau droit de cette porte, si tu ne me dis mon nom. Celui qui fait offrande au porteur de vérité est ton nom. Je ne te laisserai pas passer, dit le panneau gauche de cette porte, si tu ne me dis mon nom. Offrant le vin est ton nom. Je ne te laisserai pas entrer auprès de moi, dit le seuil de cette porte, si tu ne me dis mon nom. Taureau de Seb est ton nom. Je ne t'ouvre pas, dit la serrure de cette porte, si tu ne me dis mon nom. Celui qui se joint à sa mère, est ton nom. Je ne t'ouvre pas, dit le pait de cette porte, si tu ne me dis mon nom. Vie de l'œil de Sebek, seigneur de l'éclairage est ton nom. Je ne t'ouvre pas, je ne te laisse pas entrer près de moi, dit le gardien du couvercle de cette porte, si tu ne me dis mon nom. Bras de Shou s'offrant pour protéger Osiris est ton nom. Nous ne te laissons pas entrer près de nous, disent les montants, si tu ne nous dis notre nom. Enfants des reptiles de Rennut est votre nom. Tu nous connais, passe. Tu n'entres pas près de moi, dit le seuil de la salle; là où tu es(?) car je suis pur, parce que je ne connais pas tes pieds avec qui tu viens à nous. Dis le moi. Ceinture devant Xem est le nom de mon pied droit; affliction de Nephthys le nom de mon pied gauche. Passe, tu nous connais. Je ne t'ouvre pas(?) dit le gardien de la porte de la salle, si tu ne me dis mon nom. Connaisseur de cœurs, explorateur des poitrines est ton nom. On lui dit : qui est le dieu qui est dans son heure Tu réponds : c'est le fondateur des deux terres. Qui est le fondateur des deux terres? C'est Thot. Thot dit : Viens, approche, au lieu où je vais. Le grand du chemin dit : Quelles sont tes qualités? Je suis pur de toute faute, je suis protégé contre les maléfices de ceux qui sont en leur jour. Je ne suis pas avec eux. Je dis à lui étant là (?) : ne tombe pas dans la flamme, son enceinte est formée d'uraeus vivantes. Son sol est comme un lac que traverse Osiris. Avance, car tu as été interrogé ; des pains sont pour toi dans l'Oudja, des breuvages sont pour toi dans l'Oudja, des aliments sur terre sortent pour toi dans l'Oudja. Elle parle ma bouche ! (?)

CHAPITRE 77.

Tableau : Ptahmès, fils du scribe Nebseni et de sa sœur leur fait une offrande.

Proscynème à Osiris, dans l'Ament, dieu grand, seigneur d'Abydos, résidant à Rosta, à Nefertoum, à Horus offrant le pain divin à Memphis. Qu'ils donnent le perxeru, l'encens chaque jour, toutes choses bonnes et pures, de boire l'eau du flot du fleuve, de suivre dieu quand il sort, à toutes ses fêtes de Rosta. Que le cercueil, me soit ouvert le jour d'ouvrir les bières. Que je me nourrisse des aliments; qu'on me donne d'être dans les faveurs du seigneur du Taser, que l'eau de mon lac soit comme le lait des vaches sous le joug qui traînent le coffret ; comme un chef heureux dans ses choses, Je désire que mes yeux voient, qu'il n'y ait pas de mal là ; mais des vivres dans le magasin, des grains dans les champs, un embaumement heureux, une vie heureuse, de suivre, d'aller près du dieu grand, pour faire les affaires. Chapitre d'un sage pour chaque jour à la personne du scribe rédacteur des temples du Nord et de Sud, très-dévôt auprès de son dieu, enfant du scribe Tena, véridique et de dame Mautresta, véridique. Proscynème en offrandes grandes, vivres, présents de toutes choses bonnes et pures à la personne de sa sœur qu'il aime, la dame Sentseneb, très-dévôte.

CHAPITRE 78.

Commencement des . . . . élève . . . je mange (?) le natron, l'encens . . . . plein, je suis pur . . . . les charmes sortis de ma bouche, elle est purifiée . . . . les poissons sur le fleuve . . . . image de la demeure du natron. Il est rendu pur et brillant le scribe de la demeure de l'or, Nebseni, fils du scribe Tena et de la dame Maut-res-ta; il est doublement beau le scribe Nebseni, très-fidèle. Ptah le favorise, son mur du midi le favorise, tout dieu le favorise, toute déesse le favorise. Tu illumines le nom en paix, comme l'eau,tu navigues, tu illumines la demeure des fêtes qu'acclame son dieu maître de ce qui est en elle. Tes splendeurs sont comme celles de la chapelle de Ptah, comme les retraites des embaumés par Râ. La chapelle de Ptah, favori de son mur du midi est faite par le scribe du temple de Ptah Nebseni. Oh! certes tu es acclamé, oh! certes tu pleures, certes tu brilles, certes, tu es élevé. Certes tu brilles! certes tu es fort. Oh! tu es élevé, tu es élevé. Il a été élevé, le scribe Nebseni dans toutes les cérémonies faites en son honneur. Renverse tes ennemis. Ptah renverse tes ennemis.Tu es véridique contre eux, tu es maitre d'eux. Tes paroles sont entendues, ton ordre est exécuté. Tu es élevé, tu es (loué?) devant les divins chefs, dieu et déesse; certes tu es acclamé, dans la grande demeure, ta tête est . . . tu navigues comme la tresse de l'ombre de la femme (?) La demeure de la lune brille sur toi; tes yeux sont en lapis, ta chevelure, est un astre dans la nuit, tes cheveux sont . . . . . . fait en lapis pour toi; les rayons de Râ sont dans ta narine, les habits d'Horus sont en lapis, sourcils d'Uadjit . . . grands d'Horus est en lapis; ton nez est en cornaline, tes narines sont comme les souffles au ciel; tes yeux voient l'enfantement, ta chevelure est ferme chaque jour, les cils des . . . . . sont en lapis, ton sein les offrandes sont amenées . . . . chef du portemesdemt . . . tes lèvres font la vérité à Râ,elles satisfont le cœur des dieux; . . . de Mehen, . . des deux Horus qui sont là. Ta langue . . . Tu dis au . . . du lac; ton uraeus est une étoile, tes seins sont mis à leur place, ils pénètrent dans le lieu oriental(?). . . ta nuque est à toi . . . d'or et ensuite d'usem; ton gosier est grand, ta gorge est comme celle d'Anubis; ton échine est comme celle d'Uadjit, ton dos (est couvert) d'or, et aussi d'usem; ton corps est comme celui de Nephthys; ta face est le Nil, sans son eau; ta cuisse et tes testicules sont en quartz, tes deux jambes sont prospères en marchant; tu es assis, (puis tu te lèves?); les dieux te font tout ce qu'il y a à te faire, scribe Nebseni, très-fidèle . . . . ton gosier est comme celui d'Anubis; ta large (poitrine) est en or; tes deux seins sont des œufs de quartz; . . . . . en lapis, ton bras est en *tehen;* tes épaules sont établies sur nos protections (?); ton cœur est joyeux chaque jour, ton cœur est dans les travaux de Sexet Ton héritier (?) adore les astres. Ton ventre est le ciel en paix, ton nombril est la porte de l'embaumé, il est sauf. Il est vénéré, éclairant dans la nuit. On lui offre des fleurs *anx-amu*. Il adore la majesté de Thot, j'aime ses beautés dans ma chapelle. Dieu m'a donné la pureté que tu aimes. O toi qui es acclamé dans la grande demeure, tu abordes dans le bassin à Sha-nofert, bassin qu'enveloppent les enfants de l'eau. Vois la place de tes pieds entourée en or; ta nuque est la vigne du lac de . . . . Tes plantes de pieds sont fermes chaque jour. Tes tibias parcourent les bonnes routes, scribe Nebseni, loué. Tes deux bras sont . . . . tes doigts sont des lames d'or, leurs ongles sont comme des tranchants, de pierre dure, ... Cela t'est fait. O toi qui est acclamé dans la grande demeure, ... tes vêtements sont d'une étoffe pure, tu défais le linceul, puis tu te couches sur le tapis. Les cuisses sont coupées pour ta personne, scribe Nebseni . . . . en ta momie. Tu reçois l'habit d'étoffe excellente des mains du (prêtre?) de Râ. Tu manges les pains sur le coffret . . . de Tait elle-même. Tu manges la cuisse de bœuf. Tu emportes l'aliment Râ t'illumine dans son lieu pur. Tu laves tes pieds dans le bassin d'argent et d'or du (prêtre?) de Sokar. Alors tu manges le gateau *shens* qui parait sur l'autel, dont les divins pères te font offrandes. Tu manges ce qui parait sur lui, le feu enflammé du magasin. Tu avales les fleurs. Ton cœur ne s'effraie pas devant les offrandes que Num a faites pour toi, devant les pains et les gateaux *hdjau* des esprits d'An. Ils te portent leurs choses eux-mêmes. Tu es vénéré. Les poissons *af* sont sur tes pieds aux portes de la grande demeure. Tu soulèves l'astre Orion. Ta force est comme celle de Ra. Nout te donne ses bras. Il y eut conversation entre Orion, fils de Ra, Nout créatrice des dieux, les deux grand dieux du ciel; l'un dit à l'autre : « Saisis ton épaule, conduis-moi par mon épaule. » Fait pour le scribe Nebseni, le beau, le brillant. Que son souvenir soit dans la bouche de tous les enfants des hommes. Tu es élevé, purifié, tu brilles dans ton temple tout entier. O toi qui es acclamé dans la grande demeure, ... demeure des sept, embaumé . . . . Anubis t'a placé . . . . Il a fait sa louange. Urma (?) t'a offert son habit *sed*. C'est le conseiller de dieu (?) Tu vas purifié, tu circules dans le lac parfait. Tu fais les offrandes dans les demeures supérieures. Les seigneurs d'An te font des offrandes. Tu reçois l'eau de Râ et les grandes libations de lait et de *mahui*; tu es élevé, tu fais l'offrande sur l'autel, tu laves tes pieds sur la pierre . . . . sur (le bord?) du divin lac; tu sors, tu vois Râ sur le pilier qui est l'épaule du ciel, sur la tête du fécondateur de sa mère, sur les épaules du guide des chemins, qui t'ouvre la route; tu vois l'horizon. Ce qui est pur, c'est ce que tu aimes. O toi qui es acclamé dans la grande demeure, les choses te sont offertes devant Râ, ton cœur est à toi, tu arrives suivant l'ordre que t'ont donné Horus et Thot. Ils t'appellent, scribe Nebseni. Regarde cela, il brille là dans le trésor . . . . à la réunion des esprits d'An; tu avances sur les grandes routes en ta forme de momie; saisissant les choses de ton père sur tes bras, enveloppé de fin lin chaque jour. Dieu monte à la grande demeure. O toi qui es acclamé dans la grande demeure des douze, scribe Nebseni, les souffles de vie soient à son nez, les souffles à ses narines des oies. 52 denat (mesures) de toutes sortes de choses bonnes et pures soient à toi. Tes ennemis sont renversés, ils n'existent plus, scribe Nebseni.

FIN.

TABLE DES CHAPITRES.

NOTES ET CORRECTIONS.

Page		ligne		au lieu de :	lire :
1	ligne	11	au lieu de :	je suis l'nn,	je suis l'un.
» 10	»	6	»	dienx,	» dieux.
» »	»	34	»	tétě,	» tête.
» 12	»	35	»	sent,	» sont.
» »	»	»	»	millons.	» millions.
» 14	»	23	»	seigneur	» seigneurs.

Page 19 ligne 13. Tous les charmes et toutes les incantations sont dits pour moi ; cf. à propos de cette phrase : *Zeitschrift für ægyptische sprache*, 1874, page 6.

Page 22 ligne 27 au lieu de : la quinze lire : la quinzaine.

» 27 Chapitre 34 cf. chap. 46 qui permet de combler les lacunes comme suit : ligne 2, j'apaise Set avec les écoulements du serpent Aker....; l. 8, ô vous dieux très-grands qui êtes parmi les esprits d'An, je suis élevé au dessus de vous, excellent comme vous, moi. Nebseni etc., car j'ai purifié, etc.

» 28 ligne 27 lire : voilà que purifié, véridique, ô seigneurs excellents, je viens, amenant les offrandes. Je suis l'unique. . . .

» 30. Chapitre 36. Cf. Chapitre 18. P. 32.

» 33 » 45. Cf. p. 36, l. 1 à 11.

» » » 46. Cf. Chapitre 34, l. 3, lire : parole dud; l. 6, au lieu de éteint, lire éteins; l. 9, lire, car j'ai purifié mon âme.

» 34 ligne 18 sqq. Cf. p. 43, l. 12, sqq. l. 35 au lieu de sous forme etc. lire : en résine de Tanen.

» 48 » 17 lire : ô divine barque du champ d'Aalu, conduis-moi vers les pains, dans ta course, comme etc.

»	51	»	35 au lieu de :	bœuf,	lire :	bœufs.
»	52	»	9 »	detruits	»	detruis.
»	»	»	13 »	n'a,	»	n'as.
»	»	»	34 »	lanceant,	»	lançant.

» 54. Chapitre 56. Cf. Chapitre 53.

» 57. Chapitre 58. C'est une répétion du chapitre 18.

» » ligne 16 au lieu de : je ne repousse pas ses nautonniers, il faut : ses nautonniers ne me repoussent pas.

» 65. Chapitre 63. Cf. Chapitre 53 et 56.

» 66 ligne 2 au lieu de : tu manges lire : tu manges les

» 67. Chapitre 70. Ce chapitre porte d'ordinaire le nom de chapitres de sortir du jour en un seul chapitre et est d'après cela un résumé de la doctrine égyptienne sur la vie future. Il est d'une obscurité impénétrable : je doute qu'on parvienne jamais à le comprendre. La version de notre Papyrus me semble fort incorrecte.

» » ligne 36 au lieu de : flairens lire : flaireur.

» 80 » 33 » pur » pure

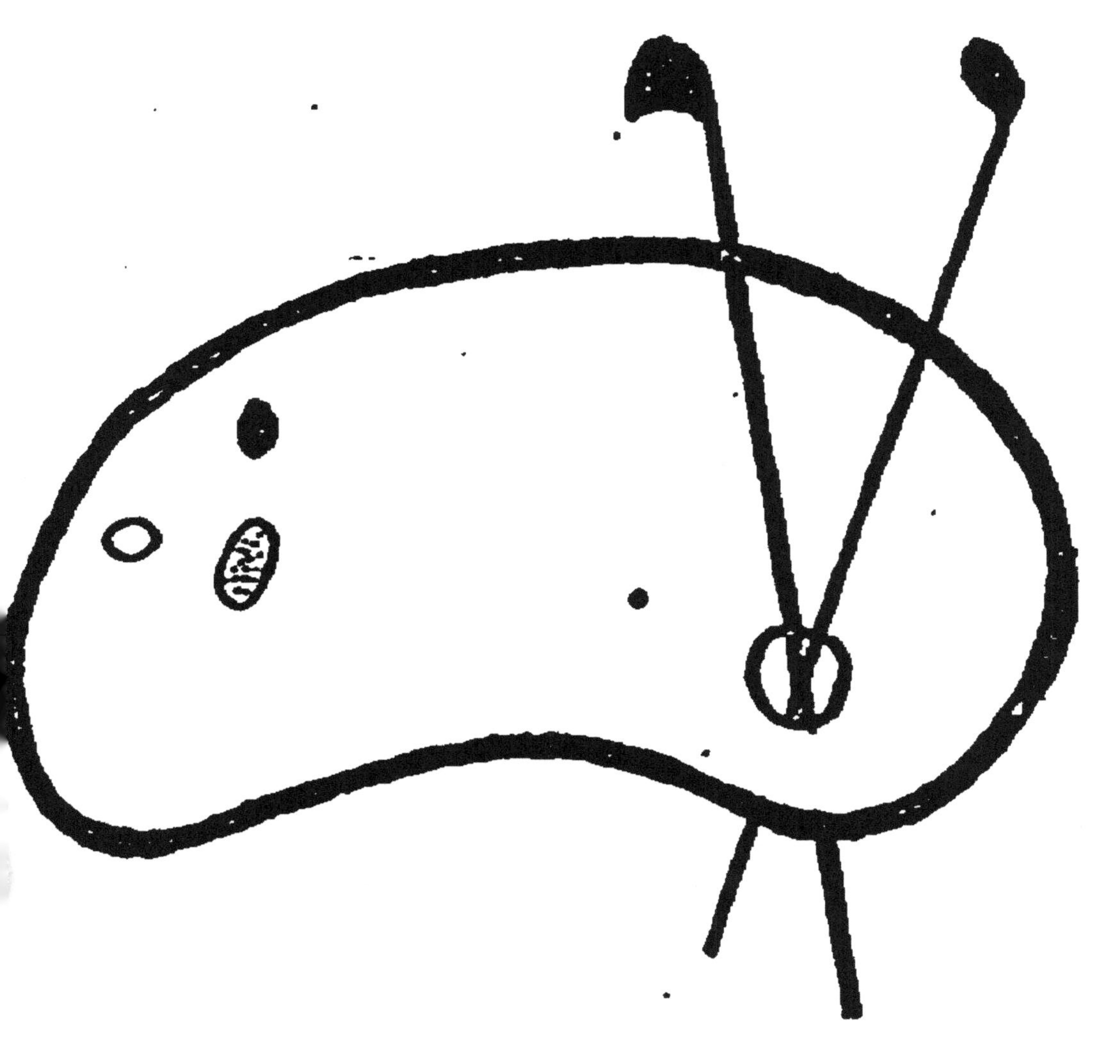

www.ingramcontent.com/pod-product-compliance
Lightning Source LLC
Chambersburg PA
CBHW060632100426
42744CB00008B/1595